MÉMOIRES

POUR SERVIR A L'HISTOIRE

DE

LA CAMPAGNE

DE 1814.

De l'Impr. de DEMONVILLE, rue Christine, n° 2.

MÉMOIRES
POUR SERVIR A L'HISTOIRE
DE
LA CAMPAGNE
DE 1814,

Accompagnés de Plans, d'Ordres de Bataille et de Situations.

Par F. KOCH, Chef de bataillon d'État-major.

TOME SECOND.
DEUXIÈME PARTIE.

A PARIS,

Chez MAGIMEL, ANSELIN et POCHARD, Libraires pour
l'Art militaire, rue Dauphine, n° 9.

1819.

CHAPITRE XXV.

Marche des Alliés sur Paris. — Double combat de Fère-Champenoise. — Combats de Sezanne, de Chailly, de La Ferté-Gaucher et de Moutis, de Trilport et de Meaux, de Ville-Parisis. — Les Alliés arrivent devant Paris.

> (Consultez pour les marches la Carte de l'Empire français; et pour les positions, les feuilles de Cassini, n° 1, 45 et 80. Voyez aussi le plan du double combat de Fère-Champenoise.)

Nous avons laissé, à la fin du chapitre XIX, la grande armée alliée sur la rive droite de la Cosle, celle de Silésie sur les bords de la Marne, entre Châlons et Château-Thierry. La première, établie sur le front, l'autre sur le flanc gauche des ducs de Trévise et de Raguse, qui avaient pris position de passage sur la gauche de la Somme-Soude, entre Vatry et Soudé; les deux armées alliées prêtes à marcher contre Paris; les corps français, au contraire, résolus à aller rejoindre l'Empereur.

Les reconnaissances poussées le 24 mars par

la cavalerie du duc de Trévise sur la route de Troyes à Châlons et vers St.-Quentin à sa droite, n'aperçurent aucune troupe dans la direction de Nuisement, et les rapports des paysans firent présumer que Châlons n'était occupé que par quelques centaines de chevaux ennemis. De leur côté, les patrouilles du duc de Raguse, dirigées vers Maisons, ne rencontrèrent aucun parti, et l'on en conclut que l'Empereur ayant repoussé les Alliés au-delà de St.-Dizier, on pourrait sans danger s'approcher le lendemain de Vitry par la route de Sommepuis. A la chute du jour, l'horizon fut éclairé par une ligne immense de feux entre la Cosle et la Marne. Cette circonstance, appuyée des rapports de plusieurs officiers, ne piqua pas la curiosité des Maréchaux, qui passèrent la nuit dans une parfaite sécurité, déterminés à continuer le lendemain leur chemin sur Vitry.

En effet, l'avant-garde du duc de Trévise remonta la rive gauche de la Somme-Soude, le 25 à six heures du matin, tandis que les trois divisions de la Garde levaient leur camp pour se porter à Soudé-Notre-Dame.

Cependant, en exécution du projet arrêté la veille, la grande armée alliée s'avançait en trois colonnes sur Fère-Champenoise : les gardes et réserves, le long des rideaux, dans la direction de Montepreux; le corps russe de Rayefski et les

Wurtembergeois, précédés de leur cavalerie, sur la grande route de Vitry à Fère-Champenoise, suivis à quelques heures de distance par les Bavarois et le corps autrichien du comte Giulay. Toutes ces masses, prévenues par les rapports des Bavarois, qu'elles rencontreraient une armée française en chemin, marchaient en colonnes serrées.

Le comte de Pahlen qui formait l'avant-garde de la colonne du centre, invité par le prince royal de Wurtemberg d'éclairer son front par des patrouilles quand il était déjà en marche, lança aussitôt ses cosaques sur la Somme-Soude.

Lorsque le comte Belliard arriva à Dommartin-l'Estrée avec la division Roussel, les troupes du duc de Raguse étaient encore éparses dans leur camp; mais presqu'au même instant, l'ennemi parut sur le rideau de l'autre côté de la Somme-Soude, et canonna vivement. Il était alors près de huit heures. Le duc de Raguse surpris fit ses dispositions en plaine, sous le canon de l'ennemi et en vue d'une cavalerie qui augmentait à chaque instant. *Double combat de Fère-Champenoise. Combat des Maréch. avec la cavalerie de la gr. armée alliée.*

Le comte de Pahlen ordonna à la cavalerie russe de déboucher par Soudé-Notre-Dame, sur le flanc droit de la position française, tandis que le prince Adam de Wurtemberg avec la sienne en attaquerait le flanc droit. Ce mouvement força le duc de Raguse à la retraite, et pour gagner quelques instans, il fit défendre le village de Soudé-Sainte-Croix par plusieurs compagnies de voltigeurs, qui furent bientôt enveloppées et prises. La cavalerie du général Bordesoulle, à peine à cheval, voulut arrêter l'impétuosité de l'ennemi; mais elle fut repoussée avec perte par la brigade Deckterew qui, soutenue par les hussards de Grodno et d'Isumz, un régiment de cosaques, les cuirassiers du général Kretow et 12 pièces légères, suivit vivement les troupes en retraite sur Sommesous.

Au même moment, la queue de la colonne du duc de Trévise qui hâta le pas pour soutenir le 6ᵉ corps, fut attaquée près de l'Estrée par les hussards d'Olviopol, les uhlans de Tschuïugew et un régiment de cosaques, et perdit nombre de prisonniers. Malgré ces accidens, les deux corps parvinrent à se réunir et à se former en arrière à droite et à gauche de Sommesous. La canonnade s'engagea et dura près de deux heures : néanmoins comme la gauche se trouvait incessamment menacée par un millier de cosaques, les Maréchaux manœuvrèrent pour la couvrir de la ravine qui les séparait, et parvinrent, sous la protection de leur artillerie, à prendre une ligne entre Sommesous et Montepreux. Dans cette nouvelle position, l'infanterie fut en sûreté; mais la cavalerie encadrée perdit la liberté d'agir. Toutefois la canonnade se soutint à l'avantage des Français, parce que l'ennemi n'avait pas encore toute son artillerie. Mais lorsqu'à midi, le comte Nostitz, à la tête des chevau-légers de Klenau et de Rosenberg, et le prince Constantin, avec la division de cuirassiers Depreradowitsch s'avancèrent sur l'extrême droite vers Montepreux, on reprit le mouvement rétrograde par échiquier en appuyant à gauche pour gagner Lenhare. Le comte de Pahlen tenta sur la droite deux charges qui furent repoussées; une troisième enfonça le centre de la ligne de cavalerie formée par les cuirassiers du général Bordesoulle, et les rejeta sur l'infanterie.

Vainement le général Belliard accourant de la gauche avec les dragons du général Roussel, essaya de prendre cette charge en flanc, ceux-ci à l'aspect de la seconde ligne ennemie qui débordait la gauche et menaçait de les charger eux-mêmes, firent volte-face sans commandement, et ne se rallièrent que derrière la division du général Merlin, lequel fit exécuter par le général Latour-Foissac, à la tête du 8ᵉ de chasseurs, une charge en colonne par escadron qui rompit pour quelques momens l'impétuosité de la cavalerie alliée.

L'engagement durait depuis sept heures, et les Maréchaux se flattaient de gagner les hauteurs de Fère-Champenoise en combattant, lorsqu'une affreuse giboulée vint augmenter l'embarras du mouvement rétrograde sur Connantray. La cavalerie de la garde russe, favorisée par cette averse qui fouettait le front de la ligne française, chargea les cuirassiers à peine reformés, les culbuta sur l'infanterie et leur enleva deux pièces d'artillerie. Les divisions de jeune garde n'eurent que le temps de se former en carrés; deux de la brigade Jamin furent sabrés et le général pris. Ceux de la brigade Le Capitaine perdirent leur artillerie et souffrirent beaucoup sans avoir été entamés. Pour surcroît de malheur, l'orage grossissait; il grêlait avec violence; aucune amorce ne prenait, et l'on ne pouvait faire usage que de la baïonnette. Dans cette scène de carnage, que le désordre de la nature rendait encore plus horrible, l'on ne distinguait plus les siens à trois pas, et deux fois les Maréchaux se réfugièrent dans les carrés pour ne pas être entraînés par les fuyards. Enfin, le temps s'éclaircit; la bonne contenance des divisions Ricard et Christiani, aux extrémités de la ligne, donna le temps à la cavalerie de passer le ravin de Connantray, et de se reformer de l'autre côté. Néanmoins il y eut une telle confusion, que 24 pièces d'artillerie, plus de 60 caissons de munitions, et un bataillon entier du train des équipages, furent abandonnés en avant de ce village.

Satisfait de ce premier succès, le prince de Schwarzenberg se contenta de faire poursuivre les corps des Maréchaux avec l'artillerie légère et la cavalerie du comte de Pahlen et du prince Adam de Wurtemberg. Ceux-ci laissant Connantray sur leur gauche, s'étendirent dans la plaine de Fère-Champenoise, si favorable aux manœuvres de ces armes.

A peine l'armée française fut-elle ralliée derrière Connantray, qu'on aperçut déboucher du ravin quelques coureurs : on eût pu facilement les arrêter ; mais frappées d'une terreur panique, artillerie, cavalerie, infanterie, tout s'enfuit pêle-mêle dans la direction de Fère-Champenoise. Il était à craindre qu'on ne pût arrêter la déroute, lorsqu'un renfort inespéré sauva l'armée d'une destruction totale. C'était le 9ᵉ régiment de marche de grosse cavalerie, arrivé à Sézanne depuis la veille. Jugeant par l'intensité de la canonnade qu'un combat très-vif se livrait aux environs, le colonel Leclerc qui le commandait, sollicita et obtint du général Compans la permission de se porter en avant, et déboucha de Fère-Champenoise au moment où les troupes le traversaient dans cet affreux désordre ; il ne se laissa point rompre par les fuyards, et se portant à la rencontre des escadrons légers des Alliés, leur en imposa par sa bonne contenance, et facilita aux Maréchaux le moyen de rallier leurs troupes sur les hauteurs de Linthes.

Tandis que généraux et officiers s'occupaient

de ce pénible devoir, on vit s'avancer sur la gauche une colonne soutenant un vigoureux combat. Le bruit se répand au milieu de cet assemblage informe de gens armés, que Napoléon arrive à leur secours. Honteux de leur défaite, ils se rallient sur-le-champ aux cris mille fois répétés de *vive l'Empereur!* et demandent à marcher à l'ennemi. En effet, les cuirassiers du général Bordesoulle formés les premiers, se portent en avant; mais pris en front par l'artillerie wurtembergeoise et chargés en flanc par la cavalerie du général Seslavin, ils sont forcés à se replier après avoir perdu plusieurs pièces.

Cependant le Généralissime, l'Empereur de Russie et le Roi de Prusse arrivés à Fère-Champenoise avec leur simple escorte, surpris de la canonnade qui grondait à leur droite, autant que de l'attitude d'une armée qu'ils croyaient en déroute, rappelèrent la majeure partie de la cavalerie lancée à sa poursuite, et pressèrent la marche de l'infanterie retardée au passage de la Somme-Soude, afin de s'opposer à la colonne qu'ils voyaient déboucher inopinément sur eux. Les Maréchaux profitèrent de cet incident pour précipiter la retraite sur Allement, où ils arrivèrent à 9 heures du soir, harcelés par les troupes légères, qui leur enlevèrent encore plusieurs voitures d'équipages.

CHAPITRE XXV.

Cette colonne, dont l'apparition causait tant d'étonnement et d'inquiétude aux Alliés, était celle des divisions Pacthod et Amey qu'on a vu arriver le 24 à Bergères.

Le général Pacthod pressé de se réunir aux Maréchaux, sans attendre le retour de l'officier qu'il avait expédié au duc de Trévise, s'était mis en marche sur Vatry au point du jour; arrivé près de Villeseneux, il reçut à 10 heures du matin l'injonction du Maréchal, de rester jusqu'à nouvel ordre à Bergères, où il le croyait encore.

Combat du général Pacthod avec la cavalerie de l'armée de Silésie.

On a vu que cette division escortant un grand convoi de vivres, avait marché presque toute la nuit. Les chevaux tombaient de fatigue, et le général Pacthod se croyant à l'abri de tout danger, d'après la lettre du duc de Trévise, jugea avoir le temps de les faire rafraîchir à Villeseneux; mais à peine y était-il établi, qu'il fut attaqué par la cavalerie du général Korf qui suivait la route de Châlons à Etoges. Il forma aussitôt ses troupes, la droite appuyée au village, la gauche couverte par un carré considérable, le convoi massé en arrière.

Les attaques de cette cavalerie ne lui paraissant pas dangereuses, il se complut à les repousser de pied ferme durant une heure et demie, au lieu de se retirer sur Fère-Champenoise (1):

---

(1) Le comte Pacthod nous a lui-même fait observer cette faute avec une franchise qui fait l'éloge de sa modestie.

aussi le nombre des ennemis s'étant considérablement accru, il ne lui resta bientôt que la ressource de gagner ce bourg à travers champs. Il commença son mouvement en échiquier. Le convoi, quoique sur 4 voitures de front, gênait tellement la marche, qu'arrivé vers Clamange, il fallut l'abandonner pour ne pas exposer les troupes qui le couvraient à une perte certaine. Comme déjà l'on n'avait plus le temps de le détruire, le général voulut du moins se servir des chevaux pour doubler les attelages de son artillerie. Afin de faire avec plus de sûreté cette opération, il jeta dans le village le major Caille avec 2 bataillons, qui le défendirent contre toutes les attaques de la cavalerie, jusqu'à ce qu'elle fût terminée. Alors la retraite continua en carrés par régimens, se déboîtant et s'opposant les angles par le sommet, afin de faire feu des quatre faces; 16 pièces réparties sur le front et les flancs des masses écartaient la cavalerie par un feu sagement dirigé.

Le comte Pacthod espérait gagner dans cet ordre Fère-Champenoise, lorsque le comte Pahlen, deuxième, vint s'établir avec deux régimens de chasseurs à cheval sur ses derrières, et le placer dans l'alternative de se faire jour ou de se rendre. Cet incident donne lieu à un court conseil. Le général Delord propose de charger ces nouveaux ennemis, tandis que le reste des troupes contiendra le général Korf, et son avis est adopté. Aussitôt sa brigade se forme en colonne d'attaque, aborde au pas de charge les chasseurs russes et les force à rétrograder; mais à peine ces deux régimens sont-ils écartés, que la cavalerie du corps de Sacken, attirée par le bruit du canon, exécute plusieurs charges qui obligent le général Delord à se replier en carré.

Tel était l'état des choses, lorsque vers 4 heures la cavalerie et l'artillerie de la garde russe entrèrent en action.

Le général Pacthod qui avait déjà perdu beaucoup de monde, menacé de se voir assailli de toutes parts, précipite sa marche vers les marais de Saint-Gond. La poursuite des Alliés n'en devient que plus vive, et bientôt il s'aperçoit qu'il lui sera impossible de les atteindre. Reconnaissant alors la position désespérée dans laquelle il se trouve, il harangue ses gardes nationales, et leur montrant la honte d'une capitulation en rase campagne, leur fait jurer de vendre chèrement leur vie. Semblable au fluide électrique, son ardeur gagne tous les rangs, et les carrés immobiles comme des rocs, écartent, par un feu roulant, la cavalerie qui s'épuise en vaines charges contre eux. Désespérant de les forcer avec cette arme, l'empereur Alexandre fait avancer une brigade d'infanterie du corps de Rayefski; mais avant que celle-ci puisse donner, les batteries criblent de mitraille les carrés français, et y portent le désordre. Le général Borasdin, à la tête des régimens de Nouvelle-Russie et de Kargopol, enfonce celui de droite où se trouvait le général Pacthod, le sabre et lui fait mettre bas les armes; d'autres éprouvent successivement le même sort. Néanmoins celui du général Thévenet, de la division Amey, bravant toutes les attaques, touchait près de Bannes aux marais où il aurait trouvé un refuge assuré, lorsque, accablé sous la mitraille de 48 pièces de canon, il donna prise à une dernière charge. Toute la cavalerie de la grande armée, celle du corps de Sacken et deux régimens de celle du comte Langeron s'élancent sur lui et en font une horrible boucherie. Le général Thévenet fut blessé et pris : aucun homme n'échappa, car quoique enfoncés, les gardes nationaux combattaient à la baïonnette, et ne voulaient point accepter de quartier.

Telle fut la mémorable et sanglante journée de Fère-Champenoise. Les Français y perdirent 9,000 hommes, dont 5,000 hors de combat : c'était presque la moitié des hommes présens. Les généraux de division Pacthod et Amey, les généraux de brigade Jamin, Delord, Bonté et Thévenet qui se trouvaient au nombre des prisonniers, furent présentés à l'empereur Alexandre qui, dit-on, ne put s'empêcher de donner à leur valeur malheureuse des paroles de consolation.

On a fait monter la perte des Alliés à 4,000 hommes tués ou blessés; mais la prise de 60 bouches à feu et de plus de 350 caissons, les dédommagea amplement. Une particularité singulière, et qui, dans une guerre d'invasion, rappelle ces scènes déplorables des troubles civils, c'est que le chef de bataillon Rapatel, ex-aide de camp du général Moreau, devenu officier d'ordonnance de l'empereur de Russie (*Flugel adjutant*) fut tué en sommant le carré où un de ses frères combattait comme capitaine d'artillerie.

Plusieurs causes concoururent dans cette fatale journée à la perte des Français: outre le mauvais choix de la position où ils furent attaqués, des militaires prétendent que le duc de Raguse aurait dû faire tous ses efforts pour empêcher l'ennemi de déboucher, en formant derrière Soudé-Sainte-Croix deux lignes avec des intervalles pour laisser un passage aux troupes repoussées. Par ce moyen, ils pensent que l'infanterie du duc de Trévise eût eu le temps de se placer d'une manière convenable, au lieu qu'en opérant aussitôt sa retraite sur Sommesous, les deux corps gênèrent réciproquement leur formation. L'on observe encore qu'au lieu

Observations.

d'ordonner au général Pacthod de rester à Bergères, il fallait le diriger en toute hâte sur Fère-Champenoise, et appuyer les deux corps en arrière à gauche, afin de couvrir son mouvement rétrograde, et d'éviter par-là le défilé de Connantray, dont le passage devint si funeste à l'armée. Enfin l'on croit que les Maréchaux n'étant plus poursuivis par le gros de la grande armée, et s'en trouvant débarrassés par la diversion du général Pacthod, n'auraient pas dû se diriger sur Allement, mais bien plutôt sur Sézanne, où ils eussent été renforcés par les troupes du général Compans.

Après ce brillant succès, qui assurait plus que jamais leurs projets sur la capitale, les Alliés campèrent pour la nuit dans la plaine de Fère-Champenoise, où le quartier-général du prince de Schwarzenberg et des Monarques fut établi.

Les trois corps russes de l'armée de Silésie poussèrent jusqu'à Etoges; le gros des deux corps prussiens ne bougea pas de Montmirail, un de leurs partis poursuivit celui du général Vincent sur Verdelot et Rebais; le général Yorck ayant entendu à midi, une violente canonnade, envoya en reconnaissance vers Sézanne le général Ziethen avec la réserve de cavalerie soutenue de quelque infanterie.

Quelques heures après leur arrivée à Allement,

les Maréchaux français tinrent conseil, et résolurent de se retirer par cette ville. Quoiqu'un peu tardive, cette résolution pouvait cependant encore avoir lieu, en envoyant sur-le-champ une division de cavalerie ouvrir la communication avec le général Compans. Mais par une apathie assez excusable après une journée si malheureuse, au lieu de prendre ce parti au moment même, ils se contentèrent d'arrêter le départ pour le lendemain de bonne heure, en invitant le comte Compans à tenir jusqu'à leur arrivée.

<small>Les Maréch. franç. battent en retraite par Sézanne sur Paris.</small>

Ce général ne pouvait, sans imprudence, accéder à leurs désirs; instruit de la position des corps d'Yorck et de Kleist à Montmirail, ayant en vue la cavalerie du général Ziethen, il leur répondit, qu'avec un matériel considérable à couvrir, il était obligé de se mettre en route avant minuit; mais que, pour faciliter la jonction, il laisserait à Sézanne une arrière-garde jusqu'à deux heures du matin. Contrariés par cette détermination, les Maréchaux se mirent en mouvement le 26 à 2 heures après minuit. Les dragons du général Roussel ouvraient la marche par deux, dans un chemin creux très-difficile; venaient ensuite les régimens de marche aux ordres des colonels Ghigny, Christophe et Leclerc, après lesquels marchait le 1er corps de cavalerie, que suivait l'artillerie, puis l'infanterie par le flanc; une division d'infanterie du duc de Raguse fermait l'arrière-garde de cette colonne longue et mince. Les deux Maréchaux marchaient à l'arrière-garde.

La nuit était très-obscure : quelques feux à demi-éteints éclairaient, de distance en distance, le sommet de la montagne de Saint-Pierre à droite de Sézanne. On voulut les reconnaître ; des ravines très-profondes s'y opposèrent; enfin, un dragon ayant mis pied à terre, se glissa dans la ville, et revint annoncer qu'elle était déserte.

Au moment où l'on apportait cette désagréable nouvelle, des vedettes ennemies s'avançaient pour reconnaître l'avant-garde : c'étaient celles d'un détachement du général Ziethen qui était entré à Sézanne aussitôt après le départ de l'arrière-garde du général Compans, et qui croyant toute l'armée française passée, avait établi son bivouac en sécurité près de cette ville. Au cri des vedettes prussiennes, la tête de la colonne formée en masse par pelotons dans un petit champ à droite du chemin, saisie d'épouvante, se sauve au galop sur Allement. Le comte Belliard et le général Roussel crient, menacent, et les dragons s'arrêtent enfin. Pendant que des officiers les forment de nouveau, et que d'autres dissipent l'alarme propagée dans la colonne, les généraux délibéraient tumultueusement, sans rien décider. Le jour allait poindre, il n'y avait pas une minute à perdre. Fallait-il autre chose que de l'audace pour tirer l'armée de ce pas difficile où l'imprudence l'avait jetée ? Il suffisait en effet de traverser la ville au galop, et d'aller prendre position sur les hauteurs qui dominent la vallée de Belle-Croix ; car, d'après toutes les données, il était probable que l'ennemi n'avait pas encore d'infanterie dans Sézanne ; il s'agissait donc d'une surprise où les plus hardis devaient nécessairement l'emporter.

Cet avis prévalut, mais la lenteur mise aux dispositions d'attaque, donna le temps aux Prussiens de préparer la défense, et les dragons furent vigoureusement reçus à leur première charge. Le jour découvrant enfin le millier de chevaux qui barrait le passage, leur rendit un peu de confiance. On les fit d'abord canonner en front par une batterie légère, et charger ensuite sur la gauche dans le vallon de Belle-Croix. Quoique ces charges ne fussent pas poussées à fond, elles déterminèrent les Prussiens à se retirer sur la route de La Ferté à droite du Morin. Durant cet engagement de cavalerie, le général Christiani traversa la ville au pas redoublé, et alla s'établir sur la hauteur, à l'embranchement des routes de La Ferté et de Coulommiers.

Combat de Sézanne.

Le combat cessa vers 9 heures du matin. La cavalerie, après avoir tourné Sézanne de la droite à la gauche, rejoignit la grande route vis-à-vis la tuilerie, et forma l'arrière-garde avec une batterie légère. L'ennemi perdit, dans cet engagement, environ 200 hommes, dont 60 prisonniers.

L'armée suivit la route de Coulommiers jusqu'à Esternay ; ensuite prenant à droite la traverse, elle se porta, par Réveillon, sur La Ferté-Gaucher, en vue de suivre les traces du général Compans, sur lequel on conçut les plus vives inquiétudes. On fit à Mœure une halte de 4 heures, dont les troupes avaient besoin à la vérité, et néanmoins dangereuse, puisqu'on était poursuivi par un ennemi auquel on se trouvait hors d'état de résister. La cavalerie prussienne n'inquiéta pas l'arrière-garde et suivit le chemin de La Ferté qui longe la droite du Grand-Morin ; mais le prince royal de Wurtemberg, à la tête de l'avant-garde de la grande armée, étant arrivé à Sézanne trois heures après le départ des Français, se mit aussitôt à leur poursuite sur la route directe de La Ferté-Gaucher.

Cependant le général Compans, échappé aux dangers qui le menaçaient, s'était retiré en arrière de Réveillon d'où, le 26 au point du jour, il avait continué sa marche sur La Ferté-Gaucher. A peine établies, ses troupes furent attaquées par l'avant-garde du général Yorck qui, à dessein de couper la retraite aux corps battus la veille, s'était mis en mouvement le matin de Montmirail sur La Ferté, suivi de celui de Kleist. Contraint alors de les replier en toute hâte, il les dirigea sur Coulommiers. C'eût été un grand bonheur pour les Maréchaux, que les Prussiens eussent continué à poursuivre ce général; mais ils ne prirent pas le change, et jugeant avec sagacité que le gros de l'armée française ne pouvait être déjà passé, ils s'établirent solidement à La Ferté-Gaucher, sur les deux rives du Grand-Morin, et se contentèrent de faire donner la chasse à la division Compans par le général Horn, avec quelques escadrons et sa brigade d'infanterie.

Ne se voyant d'abord suivi que par de la cavalerie légère, le général français crut pouvoir s'arrêter à Chailly, position assez avantageuse; mais sa troupe était tellement démoralisée, que la brigade prussienne l'ayant attaquée vers deux heures, la culbuta, lui prit 300 hommes et la rejeta en désordre sur Coulommiers, où le général Vincent, attiré par le son du tocsin, s'était rendu dans la nuit, et avait rallié un millier de fuyards de toutes armes de l'armée des Maréchaux.

Combat de Chailly.

Ce renfort inespéré mit le général Compans à même de rétablir l'ordre dans sa division, et d'aller prendre position sur les hauteurs de Montanglaust, au-delà de Coulommiers, où il passa la nuit après avoir fait voler tous les ponts du Grand-Morin.

De leur côté les Maréchaux ignorant le sort

de cette division, se remirent en marche, à une heure sur La Ferté-Gaucher; et lorsque le duc de Trévise descendit, vers 4 heures, de Moutis sur La Ferté, il trouva la brigade du prince Guillaume de Prusse établie sur les hauteurs de la rive gauche du Petit-Morin, en avant de la ville.

<small>Combats de La Ferté Gaucher et de Moutis.</small>

Si l'armée française n'avait pas fait une si longue halte le matin, il est vraisemblable qu'elle eût prévenu les Prussiens à ce passage important, et qu'elle eût évité le combat. Après quelques manœuvres soutenues par intervalles d'une canonnade réciproque, le prince Guillaume qui n'avait point encore été rejoint par le corps du général Kleist et les réserves d'artillerie, craignant d'être forcé, laissa un rideau de tirailleurs en avant de la ville, pour tenir en échec la gauche de son adversaire, jeta trois bataillons dans La Ferté, et se mit en bataille en arrière avec le reste de sa division.

Cépendant l'infanterie de la garde descendit par la chaussée jusqu'à la Maison-Dieu par où elle voulait pénétrer. La Ferté-Gaucher est le point de réunion des routes qui, de Sézanne, longent les rives du Morin. Depuis là jusqu'à Coulommiers, comme on l'a vu au chapitre VIII, la seule chaussée qui se dirige sur Paris, cotoie la rive droite de cette rivière. Il n'y a, de cette ville à Château-Thierry, vers le nord de même qu'au midi jusqu'à Provins, que des traverses impraticables. Il était donc indispensable de s'en emparer; mais sa situation ne rendait pas cette entreprise facile. La ville est au fond d'un vallon étroit où le Morin baigne la partie méridionale de son enceinte. Les collines qui forment le bassin de cette rivière, sont très-élevées, particulièrement celles de la rive droite qui commandent en cet endroit celles de la rive opposée. Ajoutez à cela qu'à 600 mètres de la ville, la chaussée de la rive gauche est tracée sur le revers septentrional d'une colline, et qu'elle forme, par ses sinuosités, une espèce de tranchée susceptible d'être défendue pied à pied.

Dès que les Prussiens aperçurent la tête de la colonne française, ils firent jouer sur elle leur artillerie qui l'arrêta tout court, parce qu'on n'avait pas assez de pièces pour lui répondre. Le duc de Trévise, après avoir reconnu la position, ordonna une attaque de vive force sur la chaussée, pendant qu'une division chercherait à s'introduire dans la ville en suivant le cours de la rivière. On fut ramené des deux côtés, et les approches de la nuit faisant craindre au duc de Trévise de ne pouvoir sortir de jour de cette fausse position, il se décida à se retirer sur le plateau de Chartronge, par la gorge qui le sépare de celui de Lécherolles.

Pendant que les troupes de la Garde exécutaient ce mouvement, le corps du duc de Raguse fut atteint par la cavalerie du comte Pahlen, qui, renforcée à Esternay de l'avant-garde du corps de Kleist, séparé le matin du général Ziethen, engagea la canonnade avec 40 pièces de canon.

Le duc de Raguse, afin de donner le temps à son collègue de forcer le défilé de La Ferté, défendit le petit ruisseau qui coule devant le bois de Meaux. Le comte de Pahlen, désespérant de l'en débusquer avec sa cavalerie, se décida alors à tourner tous les petits affluens du Morin, en vue d'acculer son adversaire à La Ferté, et d'empêcher les Maréchaux de tenter de se réunir à l'Empereur, dans le cas où celui-ci chercherait à se rapprocher de Paris par la rive gauche de la Seine. Déjà il se portait sur Courgivaux pour gagner Moutis, et le colonel Blucher s'avançait sur la route de Réveillon, lorsque le duc, prévenu que son collègue n'avait pu forcer le passage de La Ferté, et sentant le danger de se laisser comprimer sur cette ville, fit manœuvrer à droite la cavalerie du général Bordesoulle, laissant à la brigade Joubert le soin de protéger le mouvement rétrograde du reste des troupes sur le plateau de Chartronge, où les deux corps d'armée se reposèrent quelques heures près de la ferme de Larnière.

Sur ces entrefaites, le prince royal de Wurtemberg, instruit que la traverse de Courgivaux à Moûtis était impraticable pour l'artillerie, rappela le comte de Pahlen, lequel rejoignit la grande route à St.-Martin-du-Bauchet, et ne laissa que les cosaques sur Moutis; ce qui permit au général Joubert de regagner sans accident Provins par une marche de nuit.

On voit par l'exposé des faits de cette journée, que les corps d'Yorck et de Kleist de l'armée de Silésie, et ceux du prince royal de Wurtemberg et du comte Rayefski de la grande armée, furent les seuls qui agirent; ainsi l'on jugera, par l'embarras où ils jetèrent les Maréchaux, de ce qu'ils seraient devenus, si toutes les forces ennemies avaient été mises en jeu; mais quoique le prince de Schwarzenberg eût recueilli la veille de si beaux fruits de mouvemens accélérés, il retomba le 26 dans sa pesanteur accoutumée, et, pour veiller dans une marche aussi décisive, comme à une parade, à ce qu'aucun corps, aucune voiture ne sortît du rang qui lui avait été assigné, il se réserva encore une bataille sanglante sous les murs de Paris.

Réunis à Larnière, les Maréchaux français agités d'une vive inquiétude, regrettèrent la halte de Mœure, qui avait fait évanouir sans retour l'espoir de se retirer par Meaux, avec le général Compans. A ces tristes idées se joi-

Les Maréch. se jettent sur Provins.

gnait encore la pénible certitude de ne pouvoir tout-à-l'heure couvrir Paris. En effet, il était probable que l'ennemi, maître de Coulommiers et de La Ferté-sous-Jouarre, devait les prévenir devant ses murs. Dans cette situation désespérée, il ne leur resta d'autre voie de salut que de se jeter sur Provins par la traverse, pour de là s'acheminer par Nangis vers la capitale.

Le 27 mars, à deux heures du matin, l'armée se mit en marche par Chartronge, Courtacon et Champcenetz sur Provins, où elle arriva à dix heures du matin. Le comte de Pahlen ne la poursuivit que jusqu'à Courtacon, d'où, ayant été rappelé vers Crécy, il laissa à sa suite un millier de chevaux aux ordres du général Ilowaïski.

On s'était établi à Provins depuis trois heures, lorsqu'un pulk de Cosaques se montra sur le mont Jubert; c'en fut assez pour faire évacuer la ville dans le plus grand désordre. Cependant les reconnaissances envoyées dans toutes les directions, n'ayant rapporté que des nouvelles rassurantes, les quartiers-généraux redescendirent en ville pour y passer la nuit; la troupe campa sur le plateau de Maison-Rouge. C'était une grande faute de faire si peu de chemin ce jour-là; et, puisqu'à deux heures on avait repris les armes, il valait autant se porter de suite à Nangis, pour gagner une journée. Au moins fallait-il en couchant à Provins, rallier la division du général Souham rappelée par le Ministre de la guerre, de l'Yonne sur la Seine, et arrivée depuis la veille à Nogent; mais le duc de Raguse préféra l'y laisser, croyant qu'elle couvrirait le mouvement rétrograde de l'armée.

De son côté, le général Compans se retira sur Meaux, faisant flanquer sa droite par le général Vincent qui arriva à Trilport au moment où le gros de la division entrait à Meaux. Il y avait dans cette ville environ 1,500 hommes d'infanterie et 600 chevaux, sous les ordres du général Ledru-des-Essarts. Le comte Compans, avec ce faible mais précieux renfort, résolut de défendre, au moins pour la journée, le passage de la Marne. Il donna le commandement de toute la cavalerie au général Vincent, et lui ordonna de se porter en avant de Trilport.

Combats de Trilport et de Meaux.

L'armée de Silésie se dirigeait sur Meaux: les Prussiens par Coulommiers, et les Russes par la route de La Ferté-sous-Jouarre. L'avant-garde du comte de Langeron, aux ordres du général Emmanuel, arriva à cinq heures au pied du plateau de Saint-Jean-les-Deux-Jumeaux, que le général Vincent, secondé par 5 à 600 gardes nationaux des environs, lui disputa; mais les Russes ayant été soutenus par l'avant-garde du corps d'Yorck, qui déboucha sur la droite du chemin de Coulommiers, le général français fut obligé de repasser la Marne à Trilport, avant d'avoir eu le temps de faire amener les bateaux de la rive gauche. L'ennemi s'en servit pour jeter aussitôt de l'autre côté une nuée de tirailleurs et quelques centaines de chevaux, pendant qu'il construisait ses ponts sous la protection d'une vingtaine de pièces de canon.

Dès qu'ils furent achevés, la cavalerie du général Katzler et du colonel Blucher, soutenue de l'infanterie du général Horn, déboucha, et après un combat assez vif avec les troupes du général Ledru, les forcèrent de se retirer sous Meaux. Une partie de l'infanterie des Alliés longeant la rivière, se glissa dans le faubourg de Cornillon, et y fusilla avec celle du général Compans. Les corps d'Yorck et de Kleist bivouaquèrent à Trilport, celui du comte Langeron à St.-Jean et Sameron; les troupes du baron Sacken à La Ferté-sous-Jouarre; le corps du comte de Woronzow à Bussières.

Quoique la grande armée n'eût aucun obstacle devant elle, elle ne fit pas plus de chemin que la veille, et coucha à Guerard, Mouron, Saint-Pierre-en-Veuve, Chailly et Montaimey.

La nuit du 27 au 28 fut fort tranquille à la grande armée alliée et aux corps des Maréchaux; mais sur les bords de la Marne, il y eut une fusillade

CHAPITRE XXV.

continuelle mêlée de coups de canon, entre l'armée de Silésie et le corps du général Compans.

Le 28, au point du jour, les Prussiens mirent leur avant-garde en marche sur Meaux. La grande armée prit également cette direction en deux colonnes : le corps du comte Rayefsky, les gardes et réserves russes, ainsi que les grenadiers autrichiens, sur la route de Lagny jusqu'à Rouilly, d'où ils prirent à droite sur Nanteuil; les Wurtembergeois, suivis du corps autrichien du comte Giulay, par Crecy et Couilly. Le comte de Wrède eut ordre de rester à Chailly, de faire face en arrière, et de porter son avantgarde vers La Ferté-Gaucher pour observer les routes de Sézanne et de Provins, de crainte que l'Empereur n'inquiétât par une contre-marche les derrières des Alliés.

Le général Compans jugeant qu'il était plus important d'arriver sous Paris que de chicaner Meaux quelques heures, se mit en mouvement dès le matin. Le général Vincent faisant arrière-garde, évacua la ville après avoir fait sauter le pont et le magasin à poudre. Les avant-gardes prussiennes ne tardèrent pas à être sur ses traces, et l'atteignirent à Claye où le général Compans avait pris position, renforcé de 3 bataillons de jeune garde aux ordres du général Guye, d'environ 400 cuirassiers et d'autant de lanciers

Combat de Villeparisis.

polonais envoyés en toute hâte de Paris. Mais les masses prussiennes grossissant de moment en moment, il se retira d'abord sur Villeparisis et ensuite sur Montsaigle, où il résolut de les faire déployer.

La cavalerie ennemie croyant pénétrer sans obstacle dans le village, fut arrêtée par le feu des tirailleurs logés dans les maisons, et obligée d'attendre son infanterie. Le général Compans, profitant de ce moment de relâche, ordonna au général Vincent de former sa cavalerie en arrière à droite, face à la route. Bientôt l'infanterie prussienne nettoya le village, et enhardie par un succès si peu contesté, elle voulut poursuivre les Français sur la chaussée; mais à peine les premiers bataillons eurent-ils débouché que le général Vincent tomba sur eux avec les cuirassiers du colonel Dugeon et les éclaireurs polonais, les ramena battant dans le village, et leur fit 240 à 250 prisonniers.

Après cette charge, la division française continua sa retraite jusqu'à Bondi, où elle prit position à huit heures, laissant une arrière-garde à la lisière de la forêt en avant de Livry. La perte des Français dans ces deux engagemens fut d'environ 200 hommes, celle des Prussiens double.

L'armée de Silésie s'établit: les Prussiens à Villeparisis, Montsaigle, Soulier et Messy; les Russes, entre Trilport et Meaux.

La reconstruction du pont de Meaux ayant

éprouvé des retards, la colonne de droite de la grande armée reçut ordre de se porter sur Trilport pour y passer sur les ponts de bateaux, et prendre position à Cregy. Le corps du comte Rayefski coucha à Nanteuil, et les réserves devant Meaux; les Wurtembergeois à Saint-Germain, et les Autrichiens du comte Giulay à Mouron.

Les Maréchaux français arrivèrent à Nangis où ils se séparèrent. Le duc de Trévise tint la grande route de Paris, et alla camper à Guignes; le duc de Raguse se rendit à Melun par la traverse. Leur mouvement ne fut suivi jusqu'à Provins que par les coureurs du général Seslavin qui, s'étant rencontré près de cette ville avec le général Ilowaiski, se chargea d'observer les Maréchaux, et renvoya ce dernier au comte de Pahlen.

Le 29 mars, le prince de Schwarzenberg ordonna au feld-maréchal Blucher de laisser un corps d'armée à Meaux, sur la rive droite de la Marne, et de gagner avec le reste de ses forces la route de Soissons, tandis que la grande armée passerait la rivière à Meaux et Trilport, pour venir prendre sa gauche.

Les deux armées devaient alors se diriger sur trois colonnes contre la capitale: celle de droite, composée de l'armée de Silésie, à l'exception du corps de Sacken, par la route de Charny, Maury et Aulnay; celle du centre, consistant dans les

<small>Les Alliés passent la Marne à Trilport et à Meaux, et marchent sur Paris.</small>

gardes, les réserves et le corps de Rayefski, passant la Marne à Meaux et Trilport, par Claye, sur Bondi. Celle de gauche, formée des Wurtembergeois, du corps du comte Giulay et des grenadiers autrichiens, sous le prince royal de Wurtemberg, ne pouvant la franchir à Lagny dont le pont n'était pas rétabli, devait la passer également à Meaux, et longer la Marne par Charmentray et Chelles.

Le baron Sacken reçut ordre de rester à Trilport, et le comte de Wrède de venir à Meaux s'établir sur la rive gauche de la rivière, de pousser sa cavalerie à Crecy, et ses avant-postes au-delà de Coulommiers, afin de couvrir parfaitement le mouvement sur Paris.

Les trois colonnes se mirent en marche le 29 au point du jour, dans les directions qui leur étaient assignées.

Déjà la cavalerie de l'avant-garde prussienne escarmouchait avec celle du général Vincent, lorsque des parlementaires se présentèrent sur la ligne. Le général Vincent les reçut; c'étaient deux officiers supérieurs, l'un aide-de-camp du feld-maréchal Blucher, et l'autre major des gardes russes, attaché à l'état-major de l'Empereur Alexandre. Tous deux demandaient à se rendre auprès du gouvernement à Paris, pour y porter, disaient-ils, des paroles de paix. Le général Vincent prit les ordres du comte Compans qui lui prescrivit de recevoir leurs dépêches et de les renvoyer. Elles étaient adressées au duc de Feltre, ministre de la guerre, auquel on les fit parvenir.

Pendant ces pourparlers, le général Yorck désirant par d'autres considérations une suspension d'armes de quelques heures, la fit demander par le général Katzler. On en convint de vive voix aux avant-postes, sous la condition que les deux armées resteraient où elles se trouvaient; mais les coureurs du général Vincent ayant rapporté que l'armée de Silésie en profitait pour se porter à sa droite sur les routes des Petits-Ponts et de Senlis, cédant à la grande armée les débouchés des routes d'Allemagne et de Lagny, le général Compans continua son mouvement rétrograde sur Paris.

Trève demandée par l'ennemi.

Le comte Ornano, après avoir éclairé la plaine en avant de Pantin, prévenu que ce général se repliait sur lui, porta les réserves de la Garde entre le grand faubourg de la Chapelle et les Prés-Saint-Gervais, présumant que le comte Compans occuperait Pantin; mais par un mal entendu difficile à expliquer, ce dernier passa le canal de l'Ourcq, et prit position à droite de ce village, sur la butte Beauregard qui domine les Prés-Saint-Gervais et tient à Belleville, laissant sur la même ligne Romainville et Bagnolet aux troupes du maréchal duc de Raguse. Le général Vincent, après avoir manœuvré contre la cavalerie de l'avant-garde prussienne, repassa le canal de Saint-Denis, et vint placer ses bivouacs en tête de la Chapelle.

L'armée de Silésie, marchant par les routes des Petits-Ponts et de Soissons, vint établir son avant-garde à Grand-Drancy, les corps prussiens d'Yorck et Kleist à Aulnay, le comte Langeron au Bourget, le comte Woronzow aux environs de Villepinte.

La grande armée arriva par les routes d'Allemagne et de Lagny. Sur cette dernière, les corps du prince royal de Wurtemberg ne purent s'avancer au-delà d'Anet; mais le comte Barclay-de-Tolly porta les réserves et les gardes russes et prussiennes jusqu'à Bondi, où les Souverains prirent leur quartier-général.

Le corps du comte Rayefski et la cavalerie du comte de Pahlen, se portèrent sur Noisy-le-Sec. Leurs coureurs ayant pénétré jusqu'à Romainville et Pantin sans rencontrer personne, le général Rayefski, soit pour étendre ses ressources, soit en vue de se garder par des postes avancés, fit occuper fortement ces points dont, peut-être au premier instant, il n'avait pas senti l'importance.

Les ducs de Raguse et de Trévise, après avoir opéré leur jonction à Brie-Comte-Robert, arrivèrent vers midi à Charenton, et s'établirent, l'infanterie du premier à Saint-Mandé, Vincennes et Charonne, sa cavalerie à Montreuil, laissant les villages en arrière au duc de Trévise, dont les troupes à pied occupèrent Charenton, Conflans et Bercy, tandis que le général Belliard était avec la cavalerie au faubourg de Picpus.

Par une suite du peu d'ensemble qui régnait dans les dispositions des chefs appelés à concourir à la défense de la capitale, les troupes des Maréchaux restèrent tout l'après-midi dans leurs cantonnemens, sans qu'on songeât à leur faire occuper des points dont la possession était d'une si haute importance pour le succès de la bataille du lendemain.

CHAPITRE XXVI.

Topographie du champ de bataille. — Situation politique et militaire de la Capitale. — Dispositions de défense. — Plan d'attaque des Alliés.

(Consultez la première feuille de Cassini et le plan dressé pour l'intelligence de la bataille de Paris.)

Après avoir fait connaître par quel concours d'événemens le théâtre des hostilités fut porté sur la fin du mois de mars dans les environs de la capitale, nous consacrerons ce chapitre à quelques développemens nécessaires pour la parfaite intelligence de ce qui doit suivre. Nous exposerons en peu de mots quelle était à cette époque la situation politique et militaire de Paris, ainsi que le projet conçu et les travaux exécutés pour sa défense matérielle depuis le départ de l'Empereur. Nous examinerons ensuite l'état et la force de la garde nationale, de la garde impériale et des troupes de ligne au 29 mars, en indiquant le rôle qui leur fut assigné. Une courte analyse des ordres donnés par le roi Joseph, et des dispositions arrêtées par les chefs militaires

CHAPITRE XXVI.

pour la journée du lendemain, terminera cet exposé.

Quel que soit notre désir de l'esquisser brièvement, ce développement des ressources de la défense et des causes qui l'ont abrégée sera fort étendu ; mais il peut seul, en la dégageant de détails qui l'embarrasseraient, rendre intelligible la relation de la journée mémorable du 30 mars, expliquer les incidens variés qui la compliquent, et cette apparente fatalité qui n'a ramené Napoléon sous les murs de Paris, que pour être l'impuissant spectateur de ce grand événement.

Avant d'entrer en matière, les lecteurs militaires nous sauront gré d'arrêter un instant leurs regards sur la topographie du champ de bataille, et de les mettre à même, par une description aussi exacte que possible, d'apprécier ce qu'on a fait et ce qu'on aurait pu faire pour la défense de la capitale.

Topographie du champ de bataille.

Du groupe des hauteurs de Carnetin qui domine Claye, Anet et Lagny, se détache sur Auteuil une chaîne continue de collines et de plateaux plus ou moins élevés, séparant le bassin des ruisseaux de Saint-Denis d'avec les eaux qui tombent directement dans la Marne et la Seine, entre Lagny et Saint-Cloud.

Au village de Rosny cette chaîne s'abaisse et forme un col entre la plaine de Bondi et le bassin des eaux qui vont joindre la Marne au-dessus de Nogent.

Depuis le col de Rosny jusqu'à la butte de Chaumont sur Paris, s'étend un plateau dont la surface de niveau sur une assez grande étendue, a peu d'accidens remarquables.

Entre la butte de Chaumont et celle des Cinq Moulins sous Montmartre, la chaîne s'abaisse de nouveau, et ouvre un col occupé par le bassin du canal de l'Ourcq et par les villages ou faubourgs extérieurs de la Villette et de la Chapelle.

Après s'être relevée pour former la butte des Cinq-Moulins, la butte supérieure de Montmartre et les mamelons de Batignolles, la ligne du pendant des eaux, basse et peu remarquable, suit à-peu-près les boulevards extérieurs de Paris jusqu'à la barrière de Neuilly, où sa crête se relève et se soutient jusqu'auprès de Passy, séparant ainsi les eaux qui descendent dans le bois de Boulogne et dans la plaine de Clichy, d'avec celles qui tombent dans le faubourg du Roule, les Champs Elysées, les jardins ou marais cultivés de Chaillot.

Les collines de Passy et d'Auteuil terminent ce contrefort qui s'épanouit en pentes peu sensibles dans le bois de Boulogne et dans la plaine du Point-du-Jour.

On voit par là que dans la ligne du pendant des eaux, le plateau qui règne de Rosny à la butte de

CHAPITRE XXVI. 417

Chaumont et les hauteurs de Montmartre, méritent seuls l'attention d'un militaire : nous commencerons par examiner le plateau de Rosny dont la configuration offre au premier aspect plusieurs positions. En effet, il projette entre ce village et Montreuil un grand contrefort qui se dirigeant par Fontenay à Nogent-sur-Marne, présente une première position contre un ennemi débouchant des routes de Lagny et de Montfermeil, pour se porter sur les barrières du Trône et de Montreuil; toutefois comme elle laisse à sa gauche la plaine qui s'étend de Rosny et de Bondi aux villages de Merlan et de Noisy-le-Sec, et ne couvre pas la route d'Allemagne, nous n'en ferons pas l'examen.

Le plateau principal se resserre entre les gorges de Montreuil et de Merlan, et n'a plus qu'une largeur d'environ 300 mètres; mais après cet étranglement, il s'élargit et projette deux contreforts dont l'un s'étend au nord entre la gorge de Merlan et les carrières de Pantin, et se divise en plusieurs croupes qui séparent les petites gorges de Noisy et de Romainville. Le contrefort opposé forme au sud une croupe assez large entre les gorges de Montreuil et de Bagnolet, et se termine à des escarpemens de carrières. Le plateau avec ses contreforts, mesuré depuis ces escarpemens jusqu'à la sommité des pentes qui dominent Noisy, a 3 kilomètres de développement, sur une

1re position de droite.

2. 27

largeur qui varie de 900 à 1,500 mètres. Cette position n'est accessible de front et de niveau que par l'étranglement de Merlan et de Montreuil. Ce dernier village, Noisy, Romainville et le clos de Malassise appuient ses flancs, et fournissent de front des défenses successives; cependant son occupation ne serait avantageuse qu'autant que l'ennemi marcherait sur le plateau, car elle couvre seulement la route de Montfermeil, et laisse celles de Lagny et d'Allemagne sur ses flancs.

<small>2ᵉ position de droite.</small> Au-delà de Romainville, le plateau entre le ruisseau du vallon de Bagnolet et la gorge située entre Romainville et les carrières de Pantin, n'a du nord au sud qu'une largeur d'un kilomètre. C'est derrière ce second étranglement que s'élèvent les deux contreforts qui forment la position d'où l'on maîtrise à-la-fois les routes de Meaux et de Lagny.

Le premier de ces contreforts se dirige au nord entre Romainville et Pantin, et va pendre au-dessus de ce dernier village, ne laissant entre le canal de l'Ourcq et les carrières qui sont à son pied qu'un espace de 5 à 600 mètres.

Le second court au sud entre le vallon de Bagnolet et la gorge de Charonne, et va s'abaisser en pente douce à hauteur du hameau du Petit-Vincennes.

Cette position mesurée dans le développement des contreforts opposés, n'a pas moins de trois kilomètres; mais celui de droite se refuse et se trouve protégé par les accidens de toute espèce que présentent en avant le clos de Malassise, le vallon et le parc de Bagnolet. Celui de gauche est également protégé en avant par le village et le parc de Romainville, et par les terrasses qui partagent les croupes sur lesquelles une partie de ce village est assis.

La position n'est d'un facile accès que par l'étranglement derrière lequel elle se trouve; encore cet étranglement n'est-il pas dépourvu d'obstacles naturels; d'abord sur le contrefort, une butte entre le chemin de Belleville à Romainville et les carrières de Pantin commande le plateau; ensuite le bois de Romainville et le parc de Bruyères multiplient les moyens de chicane, et peuvent servir à masquer les mouvemens de retraite et les retours offensifs.

Pour maîtriser à gauche la route d'Allemagne, il suffit d'occuper Pantin, et de défendre en avant l'intervalle de 500 mètres entre les carrières et le canal de l'Ourcq; on reste maître à droite de la route de Vincennes, en occupant la tête de la chaussée dont les flancs sont revêtus jusque là par des murs de terrasse.

Lorsqu'on a dépassé cette première position, les petits vallons de Pré-Saint-Gervais et de Charonne forment un troisième étranglement qui n'a guères que 5 à 600 mètres d'ouverture. Ce dernier

3ᵉ position de droite.

est occupé par le parc de Saint-Fargeau qui serre au nord le chemin de Romainville à Belleville, et occupe au midi la naissance des pentes dont les eaux descendent à Charonne. Il est surtout remarquable par les buttes des Tourelles et du Télégraphe dans le parc de Saint-Fargeau, lesquelles procurent à la fois des moyens de protéger la première position et de disputer la seconde.

Celle-ci considérée dans sa plus grande étendue est aussi déterminée par deux contreforts : le premier s'élève entre les buttes du Télégraphe et de Chaumont, se prolonge au-delà de Belleville, et va former la butte Beauregard entre la gorge de Pré-Saint-Gervais et celle qui descend de Belleville au hameau des Maisonnettes; l'autre prend naissance à la butte du Télégraphe, et va former, au-delà de Ménil-Montant, bâti en partie sur sa croupe, l'arête du Mont-Louis qui sépare la gorge de Charonne des boulevards extérieurs.

Les points d'appui de cette position sont : au centre, la butte du Télégraphe et les têtes des villages de Belleville et Ménil-Montant; à la droite, le cimetière de Mont-Louis, le monticule de Fontarabie, et comme postes avancés, le village et le clos de Charonne; à gauche, la butte Beauregard, et comme postes avancés, le village et le clos de Pré-Saint-Gervais.

L'ennemi ne peut tourner cette position par la droite qu'en s'emparant de Charonne et du monticule de Fontarabie, et se glissant par les pentes et les habitations situées entre les boulevards et le cimetière de Mont-Louis, dans les vieilles carrières des Amandiers entre Mont-Louis et Ménil-Montant; ce qui suppose un excès d'audace dans l'attaque, et de faiblesse dans la défense. Malheureusement il n'en est pas ainsi de la gauche. L'intervalle entre les escarpemens de la butte Beauregard et le canal de l'Ourcq, offre une plaine d'un kilomètre difficile à défendre, quand l'ennemi est maître de Pantin et du contrefort entre Romainville et Pré-Saint-Gervais. Il peut alors, sous la protection de ses batteries, y jeter des masses, et par la gorge des Maisonnettes, attaquer le flanc gauche de Belleville, entre les buttes de Beauregard et de Chaumont, se déployer sur cette dernière butte, et se porter par le chemin des Moulins, sur les sommités qui dominent la rue Basse de Belleville et les boulevards extérieurs.

La butte de Chaumont, isolée entre la plaine de la Villette et la gorge qui descend de Belleville à Paris, étant séparée des boulevards extérieurs par un terrain bouleversé par l'exploitation d'anciennes carrières, n'est point une position d'armée. C'est, à proprement parler, celle d'une réserve destinée à soutenir la butte Beauregard, et à protéger la retraite des troupes dans Paris.

En résumant ce qui précède, on voit que le

plateau de Rosny et la butte Chaumont offrent deux positions défensives susceptibles d'être vivement et successivement disputées.

{Position de Montmartre à la gauche.} La position de Montmartre considérée dans son ensemble, s'étend, comme on l'a vu, depuis le faubourg extérieur de la Chapelle jusqu'à celui des Batignolles, sur un développement qui, mesuré par les crêtes, a près de 2 kilomètres et demi; mais dans cette position, le centre, la gauche et la droite forment, en quelque façon, trois positions distinctes.

Celle de droite, appelée butte des *Cinq-Moulins*, s'étend sur un développement de plus de 800 mètres de la Chapelle à Clignancourt, comme une courtine élevée dont ces villages forment les saillans. La route de Paris à Saint-Denis, le chemin qui joint les villages en avant de la butte, celui qui règne sur la butte même et les boulevards extérieurs, permettent à toutes les armes d'y manœuvrer librement.

La position du centre est formée par la crête élevée de Montmartre sur laquelle on voit le village de ce nom. Mesurée de l'est à l'ouest, elle n'a pas moins de 900 mètres de développement; mais du sud au nord, elle se rétrécit tellement, qu'elle n'a pas 100 mètres d'une surface de niveau. Ce n'est, pour ainsi dire, qu'une arête sur laquelle les buttes des Moulins et le chemin qui les unit, sont bordées de part et d'autre par

CHAPITRE XXVI.

des pentes plus ou moins rapides. Sur celle du nord, des escarpemens, des maisons, des terrasses séparés par des rues étroites et d'une pente rapide, offrent mille moyens de résistance. La crête est inaccessible à l'ouest ; à l'est, d'autres escarpemens ne laissent d'accès que par un chemin roide et de peu de largeur, qui d'ailleurs aboutissant à Clignancourt, unit le centre à la droite, et ne devient praticable à l'ennemi qu'après qu'il s'est au moins rendu maître de ce village. Du côté de Paris, la hauteur offre aussi des escarpemens; mais les anciens chemins et la nouvelle rampe, donnent toutes les facilités désirables pour porter à son sommet les troupes et l'artillerie nécessaires à la défense.

La position de gauche s'étend depuis les escarpemens qui terminent à l'est la crête élevée de Montmartre jusqu'à l'embranchement des routes qui, du faubourg de Batignolles descendent à Clichy et à Saint-Ouen. Les deux points saillans de cette position sont formés par le faubourg des Batignolles, situé en avant des escarpemens de Montmartre, et par les mamelons de la hutte des Gardes, d'où s'incline en pente douce une large croupe qui se perd vers la Seine au-dessous de Clichy. Entre ces saillans, les buttes des *Trois Moulins* et des tertres provenant du déblai des carrières, dessinent une espèce de courtine d'environ 600 mètres. Un chemin qui part du faubourg des Batignolles, passe en-deçà des Trois-Moulins, se divise en deux branches dont une se dirige par la hutte des Gardes et traverse Clignancourt, et l'autre va gagner le chemin transversal tracé à mi-côte entre la crête de Montmartre et les boulevards. Ce chemin et ces boulevards unissent la gauche au centre et à la droite, et sous ce point de vue établissent l'unité de défense, autant que le permettent les pentes et les escarpemens d'un terrain bouleversé par une exploitation de carrières de plusieurs siècles.

On voit assez d'après cette description quelles ressources peut offrir la défense bien combinée de Montmartre. Sa force naturelle est telle, que gardé par de l'artillerie et des troupes établies d'avance, on ne saurait admettre qu'il puisse être enlevé autrement que par surprise. Occupé faiblement, ou à la hâte, par un général qui n'aura pas eu le loisir de l'étudier, on sent qu'une attaque peut réussir, surtout si l'ennemi, maître de St.-Denis, ou seulement des routes qui se dirigent de cette ville sur la Chapelle, et de St.-Ouen sur les Batignolles, marche à-la-fois sur ces deux faubourgs, menace de Clignancourt le centre de la position pour en aborder la droite et la gauche, qui opposeront peu de résistance après la chûte des villages situés sur leurs flancs.

Ce coup-d'œil suffit pour montrer le parti

qu'on eût pu tirer du plateau de Romainville et de la butte Montmartre pour la défense de la capitale sur la rive droite de la Seine. Il nous reste maintenant à rendre compte de la situation où elle se trouvait au 29 mars.

Le Conseil de Régence venait de prendre des mesures qui indiquaient, même aux yeux les moins clairvoyans, l'approche du danger. L'Impératrice et le Roi de Rome étaient partis pour Tours; les membres du Conseil, les grands dignitaires, les ministres, se disposaient à les suivre. Le roi Joseph, le Ministre de la guerre et le Ministre-directeur restaient encore; mais le gouvernement allait être transféré sur la Loire. Paris n'était plus qu'une place, une position abandonnée aux chances de la guerre. *Situation de la Capitale.*

Sous ce rapport, c'est sa situation militaire qu'il importe surtout de faire connaître.

On a déjà vu au chapitre V, que le roi Joseph était lieutenant-général de l'Empereur dans la 1re division militaire. Ses attributions relatives à la défense de Paris, embrassaient en cette qualité, les forces disponibles, les travaux matériels et le mouvement des armées,

Les forces disponibles étaient de trois espèces, placées chacune sous un chef particulier. Le maréchal duc de Conegliano commandait la garde nationale, le comte Hullin les troupes de ligne, et le général Ornano, les réserves de la garde.

Ces dispositions étaient empreintes d'un vice capital. Le roi Joseph n'avait, comme militaire, ni les connaissances positives, ni le caractère qu'il fallait pour imprimer à ces rouages l'unité, la force et la rapidité d'action qu'eussent exigées les circonstances; il n'était même suppléé à cet égard par personne. Le seul des généraux qui réunît à l'expérience du commandement en chef, le grade qu'il aurait exigé, le duc de Conegliano n'avait sous ses ordres que la garde nationale, laquelle, dans l'état de guerre où était Paris, devait être, aux termes des lois et règlemens (1), à la disposition du général Hullin, qui se trouvait à-la-fois subordonné au Maréchal comme un des aides-majors-généraux de cette garde, et indépendant comme commandant de la division et de la place.

Moyens matériels de défense. Maintenant qu'on connaît l'incohérence de cette organisation, il est nécessaire de la considérer dans ses divers élémens. Napoléon, comme on se le rappelle, ayant rejeté en janvier le projet qui lui fut soumis par le Comité de défense, Paris ne devait être couvert que par des ouvrages en bois, capables seulement de résister aux attaques de la cavalerie et dont les événemens hâtèrent l'exécution. Pour flanquer ou protéger les parties des tambours qui ne se défendaient pas elles-

---

(1) Loi du 10 juillet 1791, Règlement du 24 décembre 1811.

mêmes, on crénela les bâtimens élevés aux diverses barrières et quelques parties adjacentes du mur d'enveloppe ; on ferma en maçonnerie ou en fortes palissades les lacunes de l'enceinte, et l'on acheva le chemin des rondes intérieur, afin de circuler librement tout autour.

L'artillerie affectée à la défense de l'enceinte ne consistait qu'en 40 pièces de 4 et 20 de 8, indépendamment de 12 pièces de 4, et de 4 de 8, destinées à former une réserve sur chacune des rives de la Seine.

Les 56 barrières de l'enceinte furent divisées en grandes et petites. On classa au nombre des premières, sur la rive gauche de la Seine, celles de Fontainebleau, d'Orléans et du Maine ; sur la rive droite, celles de Passy, de Neuilly, du Roule, de Clichy, de St.-Denis, de Pantin, du Trône et de Charenton, où aboutissent les grandes routes, et que le service public et celui des armées, obligeant de tenir ouvertes jour et nuit, mettaient dans la nécessité d'occuper en forces comme plus exposées à l'insulte des partis. On rangea parmi les petites barrières toutes celles d'où partaient des chemins vicinaux, et l'on condamna celles qui pouvaient être fermées sans graves inconvéniens. Les autres restèrent ouvertes le jour.

L'artillerie fut concentrée aux grandes barrières. Une des réserves fut placée à celle du

Trône, d'où elle pouvait se porter sur la barrière de Charenton ou sur celle de Pantin et de la Villette, suivant que l'ennemi arriverait par les routes de Melun et de Lagny, ou par celles de Meaux et de Soissons; l'autre fut portée à la barrière de Fontainebleau, sur la route que devait tenir l'ennemi arrivant par la rive gauche de la Seine. De ce point, d'ailleurs, rien ne l'empêchait de se porter aux barrières d'Orléans et du Maine, ou de se réunir par le pont d'Austerlitz à la réserve de la rive droite.

Tels étaient les moyens matériels et l'armement de l'enceinte; nous verrons en parlant des forces disponibles, le personnel attaché à ce dispositif.

Au dehors on avait construit des tambours en charpente aux ponts de St.-Maur, de Charenton et de Neuilly; mais les hauteurs de Paris et ses faubourgs extérieurs étaient encore sans défense, quand la 2e marche du maréchal Blucher sur la capitale, convainquit le roi Joseph, qu'incessamment menacés d'attaque par un corps d'armée, ces frêles ouvrages ne donneraient pas même le loisir d'entrer en pour-parler.

Il se fit alors rendre compte du projet rejeté par l'Empereur en janvier, et prit sur lui d'ordonner au comte Dejean d'en faire l'assiette et le tracé avec les modifications commandées par les circonstances. Ce général se hâta d'envoyer sur le terrain le peu d'officiers qui se trouvaient disponibles, pour déterminer l'emplacement et la forme des ouvrages. Le Comité des fortifications réunit ces élémens, et arrêta un système d'ouvrages un peu moins solides, mais d'une exécution plus prompte que celle du projet primitif. Joseph ne se croyant pas maître de rien ordonner à cet égard, en référa à l'Empereur en lui envoyant le plan et l'avis du Comité.

Sa réponse n'était point encore arrivée le 22 mars, et déjà son lieutenant, instruit des mouvemens éloignés qu'il méditait, regardait comme inévitable l'arrivée sous Paris d'un corps des armées du Nord ou de Silésie. Il n'y avait pas un moment à perdre pour exécuter le dernier projet du Comité : le chevalier Allent, le comte Maurice Mathieu, et tous les militaires consultés partageaient cet avis ; cependant telle était la crainte que Napoléon inspirait à son frère même, qu'il n'osa prendre sur lui cette mesure conservatrice, et crut devoir attendre l'ordre formel de l'Empereur. Cet ordre ne vint pas. On conduisit bien quelques pièces d'artillerie sur l'emplacement de plusieurs des ouvrages projetés ; mais les barricades des faubourgs extérieurs rencontrèrent mille obstacles, en sorte que le 29 mars au matin, les tambours des barrières à peine terminés, étaient encore les seuls ouvrages qui protégeassent Paris.

Garde nationale parisienne.

Par décret du 3 janvier, l'infanterie de la garde nationale parisienne était composée de 12 légions, chaque légion de 4 bataillons, chaque bataillon de 5 compagnies, dont une de grenadiers; ce qui donnait 48 bataillons et 240 compagnies. Les légions correspondaient aux 12 arrondissemens municipaux, et les bataillons devaient, autant que la population le permettrait, correspondre aux 48 quartiers : chaque compagnie devait être à l'effectif de 125 hommes : on aurait eu ainsi des bataillons de 625 hommes, des légions de 2,500, et un complet total de 30 mille gardes nationaux.

Des décrets postérieurs attachèrent à cette garde des corps d'artillerie et du génie et une compagnie de guides à cheval. L'artillerie formant 2 bataillons, de 300 élèves de l'école polytechnique, et d'environ 480 canonniers ou servans pris à l'hôtel des invalides, devait servir les batteries et les réserves affectées à la défense des barrières. Les ingénieurs des ponts et chaussées composaient l'arme du génie chargée de la construction des travaux des barrières ; la compagnie des guides n'ayant pas au-delà de 3 escouades, ne put être employée au service auquel elle avait été destinée.

Le complet de la garde parisienne fut calculé sur le nombre des contribuables ou fils de contribuables portés au rôle de l'impôt personnel pour une cote égale ou supérieure à 10 fr. et s'éleva à plus de 31 mille inscrits. Son organisation ne s'était faite qu'en dépit, et au milieu des obstacles de tous genres ; suivant une remarque du chef de l'état-major, l'Empereur l'avait organisée *malgré lui, malgré elle.* Les Parisiens se ressouvenaient du 13 vendémiaire; ils se rappelaient avec quelle précipitation l'organisation de la garde nationale commencée à l'époque de l'expédition de Walcheren, avait été condamnée et détruite. La défiance était extrême ; et aux yeux mêmes de ses officiers, cette institution ne paraissait qu'une sorte de conscription indéfinie et un moyen d'obtenir des levées indirectes par des contingens d'activité. Napoléon de son côté, n'armait qu'avec répugnance une force ennemie de son pouvoir absolu; et, sous le prétexte d'éviter l'embarras de sa mise en activité, il prenait toutes les mesures pour qu'elle ne pût maîtriser le gouvernement.

Les motifs qui écartèrent, en janvier, le projet de saisir par des ouvrages en terre les sommités et les têtes des faubourgs extérieurs, firent rejeter à l'Empereur l'idée émise par son auteur d'organiser les gardes des arrondissemens de Saint-Denis et de Sceaux ; et d'attacher celles des faubourgs extérieurs aux légions correspondantes de Paris; mais les considérations qui ramenèrent au projet de défense, militèrent en faveur de ce mode d'organisation, et un décret du 15 mars plaça sous le commandement du duc de Conegliano toutes les gardes nationales du département de la Seine ; toutefois il en fut de cette disposition comme des ouvrages de défense : le temps manqua. A l'exception des gardes nationales de Belleville, de Bercy, de St.-Denis et des élèves de l'école d'Alfort, les gardes rurales n'existèrent que sur le papier.

Graces à la confiance que les manières et les procédés du duc de Conegliano inspirèrent aux plus défians, la garde parisienne avait pris un peu de consistance dans les premiers jours de mars ; néanmoins la misère du temps apportait des obstacles presqu'insurmontables à son entière organisation. Les grenadiers, surtout dans les quartiers où il y a plus d'industrie que d'aisance, n'étaient habillés qu'en partie. Pour engager les fusiliers à faire des uniformes, il fallut les distinguer sous la dénomination de chasseurs. D'un autre côté, l'arsenal n'avait fourni qu'un petit nombre de fusils de munition ; l'armement se composait en partie de carabines ou mousquetons achetés de hasard ou ramassés sur les champs de bataille, de fusils de chasse et même de pacotille, dont l'usage était dangereux. Pour y suppléer, on fabriqua il est vrai, sous le nom de lances, des piques ornées de banderolles ; mais les citoyens ne les prenaient qu'avec répu-

CHAPITRE XXVI.

gnance ou les rejetaient même avec dédain, leur préférant les plus mauvaises armes à feu. La pénurie de celles-ci était telle, que pour mettre les gardes nationaux habillés en état de paraître à la revue du dimanche 27, le général Ornano leur prêta 2,000 fusils de la garde impériale, sous condition expresse de les rendre le lendemain : ce ne fut que le 29 et le 30 au matin, qu'on leur en fit une seconde distribution de 4,000.

L'effectif de la garde nationale n'excédait pas 12,000 hommes, dont 6 à 7,000 seulement armés de fusils de munition, lorsqu'en vertu d'un ordre du roi Joseph du 23 mars, elle releva le 29, aux postes de l'intérieur et des barrières, les troupes de ligne qui devaient défendre les faubourgs extérieurs.

Sur la rive droite de la Seine les 1re et 4e légions gardaient la gauche de l'enceinte, depuis la barrière de Passy jusques et non compris celle de Clichy. Le centre, formé de la partie la plus étendue et la plus susceptible d'attaque, allait depuis la barrière de Clichy jusques et compris celle de Charonne, et fut confié aux 2e, 3e, 5e, 6e et 7e légions; la droite gardée par les 8e et 9e s'étendait depuis la barrière de Charonne jusqu'à celle de la Rapée.

Distribution du service de la Garde parisienne.

Sur la rive gauche de la Seine, la 11e légion gardait le centre, depuis la rivière de Bièvre jusques et non compris la barrière des Fourneaux;

le reste de l'enceinte était occupé, la droite par la 10ᵉ légion, et la gauche par la 12ᵉ.

Outre la grand'garde de l'hôtel-de-ville, les postes d'honneur des Tuileries et du Luxembourg, ceux de police à chaque Mairie, la garde parisienne prit alors les postes des petites barrières et des établissemens publics, à l'exception des hôpitaux, des prisons, des ports et des marchés qui restèrent sous la surveillance de la gendarmerie et des vétérans de la ligne. Quant aux grandes barrières, elles furent occupées par un piquet de 50 grenadiers ou chasseurs de la garde parisienne, concurremment avec la ligne et la gendarmerie, sous les ordres d'un officier supérieur nommé temporairement par le gouverneur.

Douze grand'gardes affectées à chaque légion, et placées dès l'origine en-deçà des parties de l'enceinte, furent élevées chacune à 100 hommes; elles étaient chargées de fournir des postes aux petites barrières, et devaient, en cas d'alerte, se porter au soutien des points menacés.

Le tableau annexé sous le Nᵒ XXV, présente avec plus de détail la distribution de l'enceinte entre les 12 légions, et l'effectif des hommes de chacune d'elles habillés et armés à l'époque du 29 mars.

Troupes de ligne formant la garnison. La garnison de Paris se composait de 30 dépôts ou 5ᵉˢ bataillons, de quelques compagnies de vétérans, de la gendarmerie de Paris et du corps de sapeurs-pompiers. Outre ces forces, il y avait encore dans les environs de la capitale, à une ou deux journées de marche, 60 autres dépôts d'infanterie, qui à l'époque du 25 mars, ne renfermaient pas moins de 20 mille hommes. L'Empereur voulait qu'au besoin et à défaut de soldats, on formât ces cadres en compagnies d'officiers et sous-officiers pour le service de Paris ; mais au 29 aucune de ces mesures extraordinaires n'avait été ordonnée. D'un autre côté, il eût été imprudent de détourner la gendarmerie et les pompiers du service d'ordre et de sûreté qui leur était confié ; ainsi le gouverneur n'eut à sa disposition, soustraction faite des troupes nécessaires à la garde des prisons et des hôpitaux, qu'un nombre insuffisant pour le service extérieur qui lui avait été assigné par l'ordre du roi Joseph, du 23 mars. A peine put-il jeter garnison dans St.-Denis et Vincennes, et faire occuper par des détachemens les ponts de St.-Maur, Charenton et Neuilly.

Il n'existait au dépôt général des remontes à Versailles, que mille hommes montés en état d'entrer en ligne ; mais d'après les ordres de Joseph, le général Préval en forma un régiment de marche qui, sous la conduite du colonel de Carignan, escorta le 30, l'Impératrice jusqu'à Rambouillet.

Réserve de la Garde impériale

L'on a vu au chapitre V, qu'en quittant Paris, l'Empereur y laissa 22 cadres de bataillons de jeune garde; mais la formation des divisions Charpentier et Boyer de Rebeval, les avait enlevés dès le 15 février. Il est vrai de dire qu'au fur et à mesure que les régimens s'épuisaient à l'armée, leurs cadres revenaient se remplir à Paris; cependant depuis le renvoi fait de Soissons par le duc de Trévise, de 21 officiers et 92 sous-officiers, il n'en était plus revenu, et le détachement parti le 17 mars avec le général Lefebvre-Desnoëttes, avait presque tout enlevé, cadres et conscrits.

Il ne restait de disponible au 28 mars matin dans tous les dépôts de la garde, que 3,600 hommes d'infanterie, 1,500 de cavalerie, et 150 d'artillerie ou du train, quand sur l'avis de l'approche de l'ennemi, il partit avant midi pour Meaux un détachement de 1,500 fantassins et 700 chevaux sous les ordres du général Guye, lequel se réunit à Claye, comme on l'a vu plus haut, au corps du général Compans. Dans la journée du 29, 1,500 hommes d'infanterie et environ 300 de cavalerie formèrent l'escorte de l'Impératrice et du Roi de Rome; il n'y avait donc pour renforcer l'armée que 600 hommes de pied et 300 cavaliers : néanmoins, vu l'urgence du moment, le comte Ornano crut devoir opposer à l'ennemi environ 4,000 conscrits non encore organisés, et en forma une division dont le général

CHAPITRE XXVI. 437

Michel, à peine guéri de sa blessure, prit le commandement.

Telle était le 29 mars au matin, la situation militaire de Paris.

Le départ de l'Impératrice et du Roi de Rome résolu et préparé en secret, ayant transpiré, on parla de s'y opposer; mais un sentiment unanime se manifesta dans la garde nationale pour protéger au besoin leur départ, et en général, la libre action des fonctionnaires du gouvernement. Un seul des grands dignitaires, le prince de Bénévent, fut, dit-on, arrêté à l'une des barrières, sans qu'aucune réquisition, nulle plainte, aucun avis de cet incident parvînt aux autorités compétentes. *Départ de la Régente pour Blois.*

Dès l'aube du jour, tout annonçait à Paris l'approche du danger et les craintes qu'il inspirait. On évacuait les archives et les effets précieux du gouvernement; on brûlait dans les ministères les papiers dont la publicité pouvait nuire à l'Etat ou aux particuliers. La plupart des fonctionnaires publics et des citoyens que leurs services ou de grands intérêts retenaient dans la capitale, envoient loin de ce théâtre prochain d'hostilités, leurs femmes et leurs enfans. Paris devient en même temps le refuge des familles qui abandonnent les lieux occupés par l'ennemi; et des convois de voitures, de bestiaux, de meubles, de denrées de toute espèce, encombrent les avenues, obstruent les barrières. Une vague inquiétude porte et retient hors des maisons, sur les places, les quais et les boulevards, sur les routes et les hauteurs voisines, une partie de la population de la capitale.

On affiche sur tous les murs, on met à l'ordre du jour de la garde nationale et de la garnison, la proclamation si connue du roi Joseph, et, presque au même moment, on lit dans le Moniteur que l'Empereur a battu, le 26 à St.-Dizier, le général Winzingerode, lui a fait 2,000 prisonnier et pris son artillerie. La foule en conclut que Napoléon peut arriver à Paris en même temps que l'ennemi, mais ne sera suivi que de loin par l'armée française et même la cavalerie; en effet, cela n'était pas impossible, s'il eût pris cette détermination à l'issue du combat de St.-Dizier; il fallait seulement qu'après avoir cessé de couvrir la capitale pour agir sur les derrières de l'ennemi, il changeât de plan, et que la défense de cette ville, qu'il avait considérée comme un objet secondaire, devînt le sujet principal de ses combinaisons. Toute incertitude, tout retard dans un moment si décisif, devait lui faire manquer l'un et l'autre but.

Joseph mieux instruit des projets de son frère que des desseins de l'ennemi, croyait cependant n'avoir à repousser qu'un de ses corps d'armée, et ne désespérait pas d'en venir à bout avec la réunion de troupes qui allait s'opérer sous les murs de la capitale.

CHAPITRE XXVI. 439

Les trois chefs militaires employés à Paris, reçoivent l'ordre de redoubler de surveillance et d'activité. Le duc de Conegliano invite par un ordre du jour les gardes nationaux à prendre les armes au premier appel, et assimile leur service à celui de la ligne dans les places assiégées : un tiers seulement se reposera, un autre sera de piquet, le dernier tiers occupera les postes et doublera les plus importans. Les 9 légions qui défendent la rive droite de la Seine, placeront, outre les grand'gardes, des réserves destinées à soutenir les postes des grandes barrières. Les trois légions de la rive gauche, où, d'après la direction de l'ennemi, l'enceinte n'est point exposée à une attaque immédiate, fourniront à l'hôtel-de-ville une forte réserve destinée à se porter au soutien des barrières menacées et sur les points de l'intérieur où l'ordre public serait troublé. Un chef de bataillon prendra le commandement à chacune des barrières principales afin d'assurer les communications à l'intérieur et au dehors, dégager les grandes rues et se concerter pour la défense de l'enceinte avec les commandans militaires des faubourgs extérieurs.

Dispositions préparatoires ordonnées par le duc de Conegliano.

Le gouverneur Hullin concourt aux dispositions de défense autant que le permettent la faiblesse des troupes dont il dispose et les besoins multipliés de la police militaire.

Le comte Ornano prend ses mesures pour que

les réserves de la garde puissent le soir même se mettre en ligne avec le corps du général Compans, et se porte de sa personne, avec une partie de sa cavalerie, jusqu'au village de Pantin,

Les réserves de la Garde bivouaquent devant Paris.

Vers midi, le Roi monte à cheval avec le général Maurice Mathieu, son chef d'état-major, et avec celui de la garde parisienne, pour reconnaître les débouchés d'où l'ennemi peut se porter sur Paris, et spécialement sur les hauteurs qui le dominent. Le chevalier Allent qui les a parcourus dans les reconnaissances ordonnées par l'Empereur, fait remarquer d'abord au Roi le point où la route des petits ponts rejoint celle d'Allemagne. Une colonne ennemie peut, à Villeparisis, gagner cette route par le pont de Mitry sur le canal de l'Ourcq, et combiner ses mouvemens avec ceux des colonnes qui suivraient les routes d'Allemagne et de Senlis. Joseph examine ensuite le village de Pantin, les hauteurs et les escarpemens qui forment ou prolongent à gauche la position de Romainville, et se lient par les maisons élevées de ce premier village au poste avantageux que sa masse offre dans la plaine entre les collines et le canal de l'Ourcq. Il donne ordre au général Ornano de poster sa cavalerie au moulin de la Folie, pour éclairer les débouchés de la plaine entre Noisy-le-Sec et Bondy. Le Roi se porte à Rosny, au point où les colonnes ennemies débouchant des routes de

Reconnaissance des environs de Paris par le roi Joseph.

Montfermeil et de Lagny s'élèveraient sur les hauteurs pour marcher de niveau contre la position de Romainville ou descendre dans le bois de Vincennes, masquer ou insulter le château, et tourner les tambours construits sur la rive gauche de la Marne aux ponts de Saint-Maur et de Charenton. La reconnaissance se dirige ensuite sur ces deux points. Les ouvrages qui les couvrent ne pourront être utiles que dans l'hypothèse où les corps des ducs de Trévise et de Raguse ne seront suivis que par des troupes légères, et que les masses opposées au général Compans, négligeront le lendemain de s'emparer des débouchés de Montfermeil et de Lagny.

Dans cette reconnaissance, Joseph ne prit qu'une idée imparfaite du terrain, et sa course rapide paraît n'avoir eu pour objet que de faire la meilleure distribution possible des forces appelées à le défendre; car il importait en effet de confier aux troupes les mieux constituées, les villages de la plaine formant des points de défense uniques non protégés de l'art ni de la nature, et de réserver aux moins aguerries, les positions successives de Romainville et de Saint-Fargeau, dont les flancs et les approches semés d'escarpemens, de bois, de vignes, d'enclos, devaient faciliter les chicanes et les retours offensifs.

Quoi qu'il en soit, cette reconnaissance terminée, le Roi retourna en toute hâte aux Tuileries, où, après en avoir conféré avec les trois Maréchaux, il arrêta les dispositions suivantes :

<small>Dispositions ordonnées par le roi Joseph.</small>

Le lendemain 30, à la pointe du jour, le duc de Raguse devait occuper la position de Romainville, et les généraux Compans et Ornano défendre Pré-St.-Gervais et Pantin, ainsi que le terrain entre les hauteurs et le canal de l'Ourcq. Le corps du duc de Trévise avait l'ordre d'entrer en ligne entre le canal et Montmartre, et d'occuper les longs faubourgs de la Villette et de la Chapelle. Il fut convenu que le quartier-général du Roi serait placé à Montmartre, où le comte Hullin mettrait un poste, et que le reste de ses troupes ferait avec la garde nationale le service intérieur, garderait les barrières et défendrait les parties de l'enceinte que l'armée ne couvrirait pas.

Les deux réserves d'artillerie, ainsi que toutes les pièces inutiles sur la rive gauche de la Seine, attelées de chevaux de poste et de rivière, furent réunis au nombre de 28 pièces à la barrière du Trône. Le major Evain, de l'artillerie de la ligne, en prit le commandement, et l'on y attacha comme pointeurs, des canonniers-vétérans de la garde impériale.

Aucun changement essentiel n'ayant été jugé nécessaire par le Roi, dans le dispositif arrêté dès le matin par le duc de Conegliano pour la garde parisienne, le Maréchal se contenta de

prescrire aux chefs de légions de faire prendre les armes, dès qu'ils entendraient battre la générale. En leur recommandant d'assurer la tranquillité intérieure de la capitale, il les engagea à occuper au-dehors de l'enceinte quelques avantpostes, et à porter sur les hauteurs de Montmartre et de Saint-Chaumont des forces qui fissent grossir celle de l'armée aux yeux de l'ennemi : « Je ne veux point, disait-il, en donner l'ordre ;
» mais je verrais avec la plus vive satisfaction des
» officiers, sous-officiers, grenadiers et chasseurs
» de bonne volonté, se présenter pour occuper
» cette ligne d'avant-postes. »

Ce n'était pas sans motif, que le Maréchal se bornait à une invitation. Comment en effet 12,000 hommes mal armés, pouvaient-ils suffire à maintenir l'ordre au-dedans, garder l'enceinte et entrer en ligne avec une force capable de seconder l'armée ou d'en imposer à l'ennemi. Un corps composé de propriétaires fonciers ou industriels la plupart établis et pères de famille, en grande partie étrangers au maniement des armes, que le quart même ne devait recevoir que le lendemain matin, n'était réellement propre qu'à remplir le but de son institution, c'est-à-dire, à rendre les troupes de ligne disponibles en les suppléant dans le service intérieur. Demander comme obligé un service d'armée à la garde parisienne, c'était renoncer à l'obtenir, car les opinions unanimes sur le maintien de l'ordre, étaient divisées à l'égard de la défense. Un grand nombre de citoyens par des motifs différens et souvent contraires, désiraient avec ardeur la chute du gouvernement. Peu de personnes croyaient à la possibilité d'une longue résistance, et les efforts comme les vœux de tous, ne tendaient qu'à préserver la capitale par une courte défense, du pillage, de l'incendie et des horreurs d'un assaut.

Frappé de ces considérations, le duc de Conegliano n'en fit pas moins ses dispositions pour porter au soutien de l'armée tous les volontaires qui se présenteraient ; il résolut de se rendre lui-même à la pointe du jour aux lieux de rassemblement des légions, afin de stimuler par sa présence et ses exhortations le zèle et l'honneur des gardes nationaux ; mais il sentit en même temps avec regret l'effet de la mauvaise organisation de l'Empereur : il ne pouvait se mettre à leur tête en face de l'ennemi. Les ducs de Trévise et de Raguse, les généraux Compans et Ornano commandaient la première ligne, de Montmartre à Charonne ; la défense de l'enceinte appartenait de droit au général Hullin comme gouverneur de Paris : ainsi, il ne restait de commandement à ce vieux et respectable guerrier, qu'aux points où la garde parisienne se trouverait seule devant l'ennemi.

Récapitulant tout ce qui précède, on voit

CHAPITRE XXVI. 445

que par l'arrivée de l'armée, six chefs, parmi lesquels figuraient trois maréchaux, formaient six commandemens divers sous les ordres du roi Joseph, de qui seul ils pouvaient recevoir l'unité d'action et les directions qu'exigeraient les événemens de la journée.

Ainsi le salut ou la chute de l'Empire allaient être balancés dans les mains d'un homme en qui l'inexpérience n'était pas même rachetée par la vigueur du caractère. Chose étrange ! l'Empereur le savait, et ce péril était moins le résultat des événemens que de ses propres combinaisons.

Tandis que ces dispositions se faisaient à Paris pour la défense des positions qui le couvraient, l'empereur de Russie et le roi de Prusse à peine établis à Bondi, réunissaient en conseil de guerre le généralissime prince de Schwarzenberg, le maréchal Blucher, le général en chef Barclay de Tolly et le ministre comte de Nesselrode. *Plan d'attaque des Alliés.*

L'attaque fut décidée pour le lendemain à la pointe du jour. On ne prit le temps ni de rectifier la ligne de l'armée, ni de reconnaître les positions de l'ennemi. Quoique les derniers rapports annonçassent que Napoléon s'était mis en marche le 26 de Saint-Dizier sur la Marne, les corps détachés sur l'Yonne et le Loing pouvaient avoir reçu l'ordre du roi Joseph de venir en poste au secours de Paris; un jour de plus suffisait pour que Napoléon y arrivât avec les généraux propres à seconder ses desseins; il fallait donc le mettre en défaut, par une bataille décisive qui livrât de suite aux Alliés le siége même de son gouvernement, et ajoutât à l'infériorité de ses forces, l'embarras d'une révolution politique, dont l'occupation de Paris donnerait, d'après toute probabilité, le signal.

L'attaque ainsi résolue, on détermina qu'elle aurait pour objet l'occupation des hauteurs de Montmartre et de Belleville.

La direction des attaques sur Montmartre fut confiée au maréchal Blucher, et son armée débouchant par le Bourget, dut d'abord occuper ou masquer Saint-Denis; du reste, on le laissa maître de faire ses dispositions en arrivant sur le terrain, selon qu'il le jugerait convenable.

Le général en chef Barclay de Tolly débouchant sur la route d'Allemagne, avec le 6ᵉ corps et les réserves, fut chargé d'attaquer les hauteurs de Belleville. Les gardes et réserves russes et prussiennes eurent ordre de garder Pantin, d'agir sur la route d'Allemagne, et de soutenir celles des attaques principales qui auraient besoin d'appui. Le général Rajewski, avec son corps et la cavalerie du comte de Pahlen, eut l'instruction de menacer le village de Pré-St.-Gervais, d'attaquer le plateau de Belleville, d'occuper Montreuil et Bagnolet, et de porter un corps de cavalerie au pied des hauteurs de Vincennes, pour observer ce poste, et se mettre en rapport avec le prince royal de Wurtemberg.

Le corps de ce Prince, soutenu de celui du comte de Giulay, reçut l'ordre d'arriver par la route de Lagny sur les hauteurs de Rosny et de Neuilly-sur-Marne, de s'emparer des ponts de Saint-Maur et de Charenton, de nettoyer le bois de Vincennes, et d'en investir le château, protégeant dans la plaine à gauche, les attaques des hauteurs de Belleville. La destination principale de ces deux derniers corps, comme celle des corps de Sacken et de Wrède laissés à Meaux et Coulommiers, était de couvrir l'opération décisive des Alliés sur Paris, d'arrêter les troupes que l'Empereur aurait pu diriger sur les ponts de la Marne, et de les contraindre à se jeter par ceux de la Seine sur la route de Fontainebleau.

Ce plan faisant des hauteurs de Montmartre et de Belleville les principaux points d'attaque, avait pour but évident d'occuper la ligne des sommités qui dominent Paris au nord. Par une coïncidence qu'explique la seule inspection des lieux, le projet d'attaque fut déterminé d'après le principe qui avait servi de base au plan de défense présenté et rejeté en janvier, reproduit en mars, et si malheureusement ajourné. Par une autre fatalité, Montmartre qui, dans le plan de l'ennemi, devait être un des points d'attaque, n'entra pas dans la ligne de défense de l'armée française, et fut abandonné aux chances de la journée. Enfin, pour achever le tableau, on resta de part et d'autre dans l'ignorance des forces et des positions respectives; et comme nous le verrons dans les dispositions improvisées sur le terrain, on négligea des deux côtés et sur quelques points on rencontra, comme obstacles, des accidens faciles à opposer à l'ennemi.

CHAPITRE XXVII.

Bataille de Paris.

(Suivez la relation sur le plan topographique dressé pour son intelligence, et consultez le tableau de l'ordre de bataille, n° XXVI.)

Avant l'aurore, le tambour appelle aux armes la garde parisienne; les troupes de la garnison se forment dans leurs casernes; les divers corps de l'armée se rassemblent dans leurs bivouacs ou leurs cantonnemens. Les ducs de Trévise et de Raguse et les généraux qui avaient pris leur quartier à Paris, se rendent à leurs corps pour les mettre en mouvement.

30 Mars.

Le roi Joseph quitte à la pointe du jour, le palais du Luxembourg, avec le chef et les officiers de son état-major, et va se placer à Montmartre dans un pavillon situé sur la route de Clignancourt, au point où elle coupe la butte des Cinq-Moulins. Le comte Hullin, après avoir porté sur les hauteurs les faibles détachemens que la garde et la police de Paris laissaient à sa disposition, arrive au quartier-général du Roi avec les directeurs de l'artillerie et du génie. Le Ministre de la guerre, le Ministre-directeur, le premier Inspecteur-général du génie s'y rendent successivement. Les officiers-généraux, supérieurs et particuliers qui se trouvaient à Paris sans destination se portent en foule sur ce point, demandent et attendent des ordres.

Du pavillon où le Roi s'était placé on découvrait au loin la plaine de Saint-Denis ; mais on ne pouvait apercevoir ce qui se passait sur les deux rives du canal de l'Ourcq, ni sur les hauteurs de Romainville. Conformément à l'ordre qu'il en avait reçu du Roi, dans la reconnaissance de la veille, le chef d'état-major de la garde parisienne se porte sur les hauteurs pour observer les forces, la position et les mouvemens de l'ennemi.

Le maréchal duc de Conegliano que cette mission obligeait de veiller lui-même à l'exécution du dispositif d'ordre et de défense prescrit à la garde parisienne, inspecte les légions, fait renforcer les barrières menacées, harangue les bataillons et les détermine à envoyer des détachemens sur les hauteurs, et des tirailleurs sur la ligne ou sur les ailes de l'armée.

Cependant l'armée s'ébranle et se porte sur le champ de bataille.

Sur la ligne assignée au duc de Raguse, la cavalerie et les troupes stationnées à Montreuil, Malassise et Bagnolet tenaient déjà la droite et les postes avancés de la position de Romainville et de Pantin. Il restait peu de chemin à faire aux troupes cantonnées à Saint-Mandé, et celles qui se trouvaient à Charonne, n'avaient que les pentes à gravir pour arriver sur la position.

A la gauche du Maréchal, le général Compans dont le corps avait bivouaqué sur la butte de Beauregard, pouvait en peu d'instans couronner le plateau entre Romainville et les Prés-Saint-Gervais.

Il n'en était point ainsi du duc de Trévise, dont la majeure partie des troupes cantonnée à Charenton, Conflans et dans les faubourgs de Bercy, de Marengo et de Picpus, ne pouvait parvenir sur la ligne qui leur était assignée, entre Montmartre et le canal de l'Ourcq, qu'en développant le grand arc de cercle des boulevards extérieurs, et les lignes allongées des faubourgs de la Villette et de la Chapelle. Les réserves de la garde impériale, sous le général Ornano, destinées à former ou soutenir la droite du Maréchal et le centre de l'armée entre le canal et les hauteurs de Belleville, se trouvaient toutes encore derrière Pantin et en avant de la Villette en face de l'ennemi.

Mais par un heureux concours de circonstances, l'armée de Silésie qui devait, sous le maréchal Blucher, marcher contre Montmartre, la Chapelle et la Villette, n'avait point occupé Aubervilliers ; l'avant-garde était restée au Grand-Drancy, et les corps de Langeron, Kleist, Yorck et Worouzow, s'étendaient depuis le Bourget par Aulnay jusqu'à Villepinte. La distance et quelque retard dans l'expédition des ordres tenaient encore cette armée dans ses cantonnemens.

A l'extrême ~~droite~~ gauche de la grande armée alliée, les corps du prince royal de Wurtemberg et du comte de Giulay, obligés de défiler le long de la Marne, ne pouvaient arriver en ligne que vers le milieu du jour, et leur destination était moins d'ailleurs de contribuer aux succès de la journée, que d'assurer la gauche de l'armée ennemie, en s'emparant des ponts de Saint-Maur et de Charenton.

Le reste de la grande armée, sous les ordres immédiats du comte Barclay de Tolly, s'étendait depuis Livry jusqu'à Romainville et Pantin ; le 6ᵉ corps, commandé par le général Rayefsky, cantonné dans les villages de la plaine entre Romainville et Bondi, étaient seuls en mesure d'entrer en action, et nul contre-temps n'en retarda l'ordre pour eux.

Telles furent, du côté de l'ennemi comme du nôtre, les particularités qui firent engager la bataille d'abord au centre, et par des mouvemens qui ne s'étendirent que successivement aux aîles des deux armées.

CHAPITRE XXVII. 453

Vers six heures le soleil s'élevant à peine au-dessus de l'horizon, annonçait un jour pur et serein, lorsque le canon apprit tout-à-coup à Paris et à l'armée le commencement d'une action qui allait décider du sort de la France.

Tandis que le général en chef Barclay de Tolly faisait avancer au soutien des attaques une partie des gardes et réserves, une division du corps de Rayefski, sous les ordres du prince Eugène de Wurtemberg, et les cuirassiers commandés par le général Kretow, débouchaient de Pantin.

La division de jeune garde, aux ordres du général Boyer de Rebeval (1), venait de se former; mais trop faible pour attendre le choc de l'ennemi, elle se retira sur la droite de la division Michel (2), qui se formait à 100 mètres de son bivouac, à gauche de la grande route d'Allemagne, où elle était venue prendre position la veille dans l'après-midi.

Dans ce mouvement, la division Boyer et

1er moment.

Le corps de Rayefski débouche de Pantin.

---

(1) Cette division dont le général Boyer de Rebeval, souffrant encore de sa dernière blessure, prit le commandement vers six heures du matin, se composait de 3 bataillons du 11e régiment de voltigeurs, sous le général Guye, auxquels on en joignit un de flanqueurs-grenadiers et un de tirailleurs, et formait environ 2,000 hommes.

(2) Cette division se composait d'environ 4,000 hommes de tous les dépôts d'infanterie de la garde, dont un millier arrivé la veille des départemens de l'Ouest, fut armé le matin même.

bientôt après la division Michel canonnent avec vigueur, et contiennent les colonnes russes.

Tandis que l'ennemi faisait ce premier effort dans la plaine, les tirailleurs du général Rayefski s'emparèrent de la butte au-dessus de Romainville, ce qui lui donna la facilité de diriger sur le plateau la division Mezenzow flanquée à sa gauche par la cavalerie du comte de Pahlen.

Pendant ce mouvement, le général Compans couronnait les hauteurs du Pré-Saint-Gervais, et jetait dans le bois de Romainville la division du général Ledru des Essarts. Le général Vincent rappelé par le duc de Raguse, se portait de la Chapelle à Belleville avec sa cavalerie.

Ce Maréchal faisait aussi gravir le plateau à ses troupes du côté de Bagnolet. Elles s'élevaient déjà sur la berge du fond du vallon, lorsqu'elles aperçurent l'ennemi à la naissance des gorges qui descendent sur Pantin et Romainville. A l'instant même, la brigade Fournier formant tête de colonne et celle du général Joubert se déploient de pied ferme, la première à droite, la deuxième à gauche de la route de Belleville, et cette dernière se met de suite en contact avec les troupes du général Ledru.

Le duc de Padoue se forme alors sur le plateau de Malassise, couvre Bagnolet, et dans ce poste avancé, assure la droite de la position, protégé lui-même par les troupes qui occupaient encore Montreuil. La cavalerie s'étend sur deux lignes, de ce dernier village à Charonne; la première est formée par la division Chastel (1), l'autre par le corps du général Bordesoulle.

La division Ricard se place en réserve dans l'intérieur et sur la gauche du parc de Brières, sous la protection de l'artillerie du corps d'armée qui fut établie aussitôt sur la butte des deux Tourelles, au milieu de l'ancien parc de Saint-Fargeau.

Par l'effet de ce mouvement, la droite du Maréchal, aux ordres du duc de Padoue, menaçait le flanc gauche de l'ennemi; tandis que la gauche, sous le général Compans, se refusait un peu et laissait le centre au point le plus près des colonnes ennemies.

Toutefois les Russes ayant prévenu le duc de Raguse à Romainville, qu'il entrait dans son plan d'occuper, la prudence l'oblige à charger le colonel du génie Paris de reconnaître la position en arrière, celle du télégraphe; et au même moment il se détermine avec le général Compans à prendre l'offensive, à débusquer les Russes du bois, et à se rapprocher s'il se peut de Romainville. Le combat s'engage avec vivacité dans les bois et sur le plateau.

<small>Le duc de Raguse prend l'offensive sur le plateau de Romainville.</small>

---

(1) La division Chastel n'était formée que de la cavalerie commandée précédemment par le général Vincent. Ce général, à peine remis de ses blessures, en prit le commandement à sept heures du matin.

Pour seconder le mouvement offensif des hauteurs, le général Boyer pousse en côtoyant leurs pentes ses tirailleurs sur Pantin, et se met en mesure de les soutenir. Le succès couronne partout nos efforts. Sur les hauteurs, les Russes étonnés et pris en colonnes de marche, sur un terrain difficile et embarrassé de clôtures, sont expulsés du bois et ramenés au village; leur droite est repoussée dans les gorges sous les murs du parc de Romainville.

Dans la plaine, les tirailleurs de la jeune garde pénètrent presqu'en même temps jusqu'aux maisons les plus avancées de Pantin. En vain le général Kretow, pour les arrêter, essaie quelques charges à droite de la grande route. Ecrasés par la mitraille et embarrassés par les accidens du terrain, ses cuirassiers sont obligés de se replier sous la protection du village.

Le combat continue sur tous les points avec opiniâtreté. Des deux côtés la perte est considérable, et les tirailleurs sont plusieurs fois renouvelés.

Le corps du duc de Trévise entre en ligne dans la plaine St.-Denis.

Durant ces premières attaques, le duc de Trévise avait pris dans la plaine son ordre de bataille: la division Charpentier resta massée au pied de la butte Chaumont; celle du général Curial fut destinée à soutenir la brigade Secrétant dans son attaque sur Pantin; le général Christiani avec la sienne vint prendre position à l'extrémité de la Villette et de la Chapelle, prête à renforcer la brigade Robert; à l'extrême gauche, la cavalerie du comte Belliard, augmentée des 300 chevaux du général Dautencourt s'établit en première ligne entre la Chapelle et Saint-Ouen.

Mais en même temps le comte Langeron, averti par le canon dans son quartier-général de Blanc-ménil, portait ses troupes du Bourget devant la Villette, et détachait son avant-garde contre le village d'Aubervilliers qu'occupaient les tirailleurs de la brigade Robert. *Entrée en action du corps de Langeron.*

Ces renforts procurant de part et d'autre les moyens de soutenir l'attaque et la défense de Pantin, n'auraient fait que balancer les chances du combat, si le général Barclay de Tolly ne se fût déterminé à faire donner une partie des gardes et réserves. Il venait d'être instruit des motifs qui retenaient encore loin de la ligne, le reste des corps de l'armée de Silésie, ceux du prince royal de Wurtemberg et du comte de Giulay; il voyait ses troupes prêtes à fléchir dans Pantin et à Romainville : l'occupation de ces points par les Français pouvait, sinon décider la journée, du moins laisser à Napoléon le temps d'arriver. Toutes ces raisons le portèrent à engager dans un mouvement décisif l'élite de ses troupes.

D'après ses ordres, la deuxième division de grenadiers russes, sous le commandement du lieutenant-général Paskiewitsch, va soutenir sur *2ᵉ moment. Attaque renforcée du plateau de Romainville.*

les hauteurs, entre Montreuil et Romainville, le flanc gauche du général Rayefski, tandis que le général Knieschnin se porte au soutien du centre avec une brigade de la 1re division, et que le lieutenant-général Tschoglikow, avec l'autre, marche vers la droite dans les bois de Romainville. Dans la plaine, les gardes prussiennes et de Bade vont renforcer les troupes qui disputent Pantin, et ces nouveaux moyens permettent au général Rayefski de reprendre l'offensive.

Sur les hauteurs, tandis que les divisions Tschoglikow et Knieschnin menacent de front la gauche et le centre du duc de Raguse, le général Mezenzow, soutenu par toute la cavalerie du comte de Pahlen, chasse nos troupes de Montreuil, pousse des reconnaissances sur Vincennes, contient la cavalerie du général Bordesoulle, et s'apprête à débusquer le duc de Padoue du plateau de Malassise pour le rejeter au-delà du vallon de Bagnolet. En même temps le général Pitschnitzki, ayant en réserve la division Schaschafskoi, s'élève sur les pentes de Pantin au bois de Romainville, pour prendre en flanc à la gauche du duc de Raguse, les troupes commandées par le général Compans. Pendant ce mouvement, le prince Eugène de Wurtemberg se dispose à l'attaque du village du Pré-Saint-Gervais, et manœuvre dans le but d'isoler du général Compans la division Boyer, et de séparer les corps des deux Maréchaux.

CHAPITRE XXVII.

Le duc de Raguse ainsi menacé sur son front et ses flancs, fait sur-le-champ ses dispositions. Il pousse contre la colonne du général Knieschnin la brigade du général Fournier, qui tombe blessé grièvement : cet accident, au lieu d'intimider les troupes, les anime encore davantage, et cette poignée d'hommes tient l'ennemi en échec.

Le Maréchal détache la division Ledru au soutien du général Compans, qui rappelle des Prés-St.-Gervais sur le plateau le 11e régiment de voltigeurs afin de soutenir la brigade Chabert, fortement occupée dans les bois de Romainville par les têtes des colonnes de Pitschnitzki et de Tschoglikow. La division Ledru trouve sa route coupée par la première, la culbute sur les pentes de Pantin, et arrive à temps pour tenir tête au général Tschoglikow.

Le prince Eugène de Wurtemberg rallie la division Pitschnitzki derrière celle de Schakowskoi, cotoie au bas des pentes les hauteurs de Romainville, et se jette sur le village du Pré-Saint-Gervais que défendaient seulement deux bataillons formant l'extrême droite du général Boyer. Le duc de Raguse, informé par le général Compans qu'ils ont peine à s'y maintenir, et qu'il est fortement occupé lui-même sur son front, détache à leur secours le colonel Fabvier, avec 3 ou 400 hommes ; il était temps : déjà les tirailleurs russes avaient pénétré dans le village, ils en sont chassés et rejetés sur leurs masses : le général Boyer les mitraille à bout portant avec son artillerie, dans laquelle se trouvait une batterie de 12 pièces de 12 : le prince Eugène foudroyé se retire hors de portée, et renonce à son entreprise.

<small>Nouvelles attaques sur Pantin par les Français.</small>
En même temps on se disputait Pantin, où les généraux ennemis Roth et Helfreich se défendaient avec deux régimens de chasseurs. Le général Roth est blessé. Les généraux Boyer et Michel font un nouvel effort pour enlever ce village; mais les gardes prussienne et badoise arrivant, les tirailleurs de la brigade Secrétant sont chassés de Pantin. Cependant l'ennemi trouve au débouché du village le gros de cette brigade couvert par de formidables batteries, et se borne à l'occuper fortement.

Ainsi toutes les attaques avaient été repoussées; à la droite même, le duc de Padoue n'avait cédé que le village de Montreuil, lequel hors de la position, ne servait à l'ennemi qu'à observer Vincennes, et à voir le moment où arriveraient les colonnes du prince royal de Wurtemberg et du comte Giulay.

<small>Le comte Barclay donne un instant de relâche à ses troupes.</small>
Le général Barclay de Tolly étonné et rebuté de la résistance qu'éprouvaient partout les attaques, crut devoir, jusqu'à l'instant où l'armée de Silésie pourrait agir et le seconder, se borner à garder les postes de Pantin, Romainville et

CHAPITRE XXVII.

Montreuil, et la ligne dont ils formaient le point d'appui. Les régimens ennemis la plupart dissous en tirailleurs par l'effet du terrain, étaient à l'exemple des nôtres, épars dans les bois, les vignes et jardins, entre Pré-Saint-Gervais, Pantin et Romainville. L'action n'était plus qu'une fusillade et un combat d'artillerie. D'après les ordres du général en chef, le général Stall porte contre nos tirailleurs deux régimens de cuirassiers, et sous leur protection, les généraux ennemis rallient et reforment leurs régimens. Le duc de Raguse, de son côté, profite de ces dispositions pour rétablir l'ordre dans sa ligne, et s'apprêter à de nouvelles attaques. Le maréchal duc de Trévise rectifie à sa droite la position du colonel Secrétant, et la fait soutenir par le général Curial, tandis que sur son front, il disputait Aubervilliers aux troupes du comte de Langeron, et qu'au loin le maréchal Blucher mettait en mouvement les corps d'Yorck, Kleist et Woronzow.

Telle était vers onze heures la situation des affaires. Le roi Joseph, malgré les rapports que lui avaient adressés les Maréchaux depuis le commencement de l'action, répugnait à croire qu'ils fussent attaqués ou près de l'être par toutes les forces de l'ennemi; mais le chef d'état-major de la garde parisienne, qui, la carte des chasses à la main, avait observé et suivi ses mouvemens, vint dissiper les doutes de Joseph, et

Rapport fait au roi Joseph par le chef d'état-major de la Garde parisienne.

ne lui cacha point qu'ils allaient avoir en tête des masses tellement supérieures, que leurs talens et leur caractère, aidés de tout le courage des troupes, ne laissaient d'autre espoir que de disputer le terrain pied à pied. Le Roi n'avait pour les soutenir ni réserves, ni troupes auxiliaires, ou du moins celles qu'il aurait pu tirer des dépôts répandus à une ou deux journées de marche de Paris, ne pouvaient arriver avant la fin de la bataille. Mais comme il résultait de ce rapport que le duc de Trévise n'était point encore engagé dans toute la ligne, le Roi, après en avoir conféré avec les ministres et les généraux, chargea le chef d'état-major Allent de retourner sur la ligne, pour continuer à y observer l'ennemi, et de demander au duc de Trévise, s'il ne lui serait pas possible d'envoyer un détachement au secours de son collègue, sur le terrain où l'ennemi semblait avoir le plus d'intérêt à s'établir.

Rapport du capit^e Peyre renvoyé par l'ennemi. Pendant cette nouvelle reconnaissance, le roi Joseph ne désespérait point encore, lorsque le général Hullin lui amena un ingénieur des sapeurs-pompiers, qui, chargé par lui la veille de reconnaître les dehors de la ville, était tombé à Pantin dans les avant-postes des Alliés. Après avoir été gardé au bivouac des Cosaques, le capitaine Peyre obtint d'être conduit au quartier-général de Bondy. Soit qu'on l'eût considéré comme appartenant à une troupe municipale étrangère à l'armée, soit qu'il entrât dans les vues des Souverains et du Généralissime de profiter d'une occasion si favorable, pour informer le roi Joseph des forces et des dispositions des Alliés, ils firent reconduire cet officier aux avant-postes, après l'avoir chargé de lui remettre une proclamation du prince de Schwarzenberg aux habitans. Cette proclamation connue tendait à séparer la cause des Parisiens d'avec celle de l'Empereur. Elle constatait surtout qu'ils étaient devant Paris avec toutes leurs forces, résolus d'y entrer et méditant d'y faire ou d'y favoriser une révolution.

Ce rapport acheva de convaincre Joseph que les Maréchaux avaient réellement en tête les deux grandes armées alliées.

Dans l'anxiété où le jetait une telle situation, il crut devoir délibérer avec les ministres et les généraux sur les mesures à prendre pour assurer la retraite de l'armée et la conservation de la capitale. Cette délibération se prolongeait encore, lorsqu'on vint lui annoncer que des troupes se développaient dans la plaine de Saint-Denis, et semblaient vouloir déborder au loin sur la gauche le corps du duc de Trévise. C'était en effet l'armée de Silésie que le feld-maréchal Blucher portait en ligne et disposait pour les attaques qui lui

<small>Entrée en ligne des corps prussiens entre Pantin et La Chapelle.</small>

étaient confiées. Le corps seul du comte Woronzow qui venait de Villepinte, était en arrière; ceux de Kleist et d'Yorck arrivaient à la hauteur de Pantin.

Le feld-maréchal prescrit à l'avant-garde sous les ordres du général Katzler, de passer le pont du canal de l'Ourcq, sur lequel la route des petits-ponts vient rejoindre celle d'Allemagne, et de se porter entre Pantin et le canal pour lier la droite de la grande armée à la gauche de celle de Silésie, et seconder sur ce point la défense ou les mouvemens offensifs. Le prince Guillaume de Prusse est chargé de garder avec 6 bataillons, l'intervalle entre le canal et la route de Senlis; le reste des corps d'Yorck et de Kleist reçoit ordre de se porter sur cette route pour menacer la Villette, occuper le front du duc de Trévise, et laisser au comte de Langeron les moyens de s'étendre sur la droite; ce dernier doit, après avoir chassé d'Aubervilliers les tirailleurs du colonel Robert, franchir les excavations commencées du canal, détacher le général Kapzewitsch pour combiner l'attaque de vive force de St.-Denis, avec le général Karnielow, lequel maître de ce poste, se réunira au reste du corps de Langeron pour attaquer Montmartre, tandis que le premier se portera par le chemin de la Révolte sur le bois de Boulogne, et qu'un détachement prenant poste sur la route de Saint-Ouen à Paris, observera, à droite de Montmartre, le faubourg des Batignolles.

Tel fut le plan dont nous verrons plus tard l'exécution, et qu'annonçaient à peine les premiers mouvemens de l'armée de Silésie; mais pour des militaires qui, comme les généraux Déjean et Maurice Mathieu, avaient une longue expérience de la guerre, il était facile d'en apercevoir les conséquences. Consultés par le Roi, ils ne crurent pas devoir les lui dissimuler, ce qui persuada Joseph que s'il attendait l'issue de la journée, il ne lui resterait, comme à l'armée, de retraite facile et certaine que par la route de Fontainebleau. Alors, soit qu'il craignît de s'exposer aux premiers reproches d'un Souverain qui l'accuserait injustement d'avoir perdu sa capitale; soit que les ordres mêmes de l'Empereur ou d'autres considérations le portassent à rejoindre l'Impératrice; soit enfin que le développement imposant de l'armée de Silésie, confirmant tous les rapports, eût fait succéder à trop de confiance une crainte excessive et prématurée, il résolut de partir assez tôt, pour que les coureurs de l'ennemi ne pussent arriver avant lui au pont de Sèvres, ou l'atteindre sur la route de Versailles et d'Orléans. En conséquence il se hâta d'adresser aux ducs de Trévise et de Raguse

Le roi Joseph se retire du champ de bataille.

Il envoie aux

l'autorisation de capituler, tant pour leur armée que pour la capitale. Le général comte Hullin fut chargé de faire parvenir par deux officiers cette autorisation aux Maréchaux, et de prendre lui-même des mesures pour évacuer Paris avec les troupes de la garnison. Les Ministres eurent ordre de se rendre aussi près de l'Impératrice, et d'en expédier de pareils aux grands fonctionnaires et aux membres du Conseil d'Etat restés à Paris. Les officiers sans destination, qui attendaient des ordres, se dispersent; la garde elle-même se retire; en un instant les cours et la maison sont désertes, les grilles du pavillon se ferment: plus de Général en chef, plus de quartier-général.

Tandis que l'armée de Silésie se développait dans la plaine de Saint-Denis, les corps aux ordres du prince royal de Wurtemberg arrivaient à Neuilly-sur-Marne. Après avoir laissé sur ce point le comte de Giulay en observation, ce Prince couronna les hauteurs de Nogent, laissa un bataillon dans ce village, et se portant à la hauteur de Fontenay, divisa en deux colonnes le reste des troupes.

La première, composée de la brigade de Hohenlohe, ayant en réserve celles de Misany et de Lalance, prend la direction de Saint-Maur, trouve le Parc fermé, fait brèche au

mur, et porte un bataillon sur le pont de Saint-
Maur, tandis que le gros continue sa route sur
Charenton. La seconde colonne formée de la
brigade Stockmayer que soutenaient quatre bataillons de grenadiers autrichiens, se dirige par
la route de Neuilly sur le bois de Vincennes ; elle
force pour y pénétrer une barrière défendue par
un faible détachement de troupes de ligne et de
gardes nationaux du canton, laisse un bataillon
pour observer le château et le village de Vincennes, et se porte au soutien de celui qui attaquait Saint-Maur. Ce village était sans défense et
le pont de la Marne seulement fortifié sur la rive
gauche par un tambour en charpente, se trouvait pris à dos. Tous nos moyens sur ce point con-
sistaient en 400 conscrits et 8 bouches à feu qu'il
fallut retourner contre l'ennemi. Un vif et court
engagement ne servit qu'à montrer le courage de
ces jeunes gens ; le poste fut enlevé, et six pièces
de canon restèrent au pouvoir des Wurtembergeois. Le Prince royal n'y laissa que les forces
nécessaires pour le garder et soutenir le bataillon
qui surveillait Vincennes, puis se porta avec sept
autres au soutien des attaques du pont de Charenton.

Tant de forces n'étaient pas nécessaires : ce
pont, comme celui de Saint-Maur, entouré sur
la rive gauche d'un simple tambour, laissait

Attaque et prise du pont de Charenton

par les Wurtembergeois. la rive droite sans défense. Gardé par une compagnie de vétérans, le bataillon des élèves d'Alfort, et quelques canonniers-pointeurs, ce faible poste était hors d'état de résister aux colonnes qui s'avançaient à la fois pour le prendre à revers, sur la route de Saint-Mandé, le long de la terrasse du bois de Vincennes et par la route qui, depuis Saint-Maur, cotoie la rive droite de la Marne. Néanmoins quand ses défenseurs virent qu'ils allaient être pris à dos, ils amenèrent à bras en avant du village une partie de leur artillerie dont le feu fut bientôt éteint par celui de l'ennemi. Les colonnes austro-wurtembergeoises les forcèrent de repasser la Marne et de se réfugier dans le tambour, où ils espéraient se maintenir en faisant sauter une des arches du pont; mais suivis de près, ils n'eurent pas le temps d'y mettre le feu, et furent réduits à se jeter sur les routes de Provins et de Melun. Quelques troupes légères les poursuivirent; d'autres descendirent la Marne jusqu'au-delà de son confluent, et s'arrêtèrent devant Port-à-l'Anglais, dont le bac, heureusement détruit, les empêcha de se porter sur la rive gauche de la Seine.

Au moment où ses colonnes prenaient ainsi à revers le pont de Charenton, le prince de Wurtemberg dirigeait sur la route de ce village à Paris un corps de cavalerie légère pour assurer son flanc droit, et observer les troupes qui pour-raient déboucher de Paris. L'enceinte sur ce point n'était gardée que par la 9e légion, affaiblie par les postes intérieurs et les détachemens envoyés sur les parties les plus menacées. Deux fortes patrouilles de cette légion et quelques gardes nationaux du faubourg de Bercy, furent les seules forces que l'ennemi rencontra. Il les replia sans peine, et les força même d'évacuer le château et le faubourg de Bercy; toutefois sa cavalerie n'insulta point les barrières, et le prince royal de Wurtemberg, dont la tâche se réduisait à prendre et garder les ponts de la Marne, craignit sans doute de compromettre ses succès en essayant de les étendre.

La cavalerie austro-wurtembergeoise insulte le faub. de Bercy.

Nous avons jugé convenable de rendre compte ici de cet épisode, quoique d'ailleurs il n'ait contribué au gain de la bataille, qu'en donnant à la grande armée alliée, la certitude que sa gauche était pleinement assurée contre les troupes auxiliaires qui pourraient arriver entre Seine et Marne. Nous rapporterons encore, avant de reprendre le récit de la bataille, un autre incident qui fut en quelque sorte une suite du premier.

En effet, lorsque le comte de Pahlen observant de Montreuil l'instant où le prince royal de Wurtemberg arriverait en ligne, l'aperçut descendre de Fontenay et de Nogent, il porta en avant quelques troupes pour masquer aussi de son côté le château de Vincennes.

Sur la ligne française, la brigade Vincent placée entre Montreuil et Charonne, et le général Laville à l'extrême droite du comte Bordesoulle, observaient ce mouvement. Il ne restait à la barrière du Trône qu'une réserve assez faible de la 8ᵉ légion : le surplus gardait l'intérieur et les autres barrières, ou se trouvait dispersé en tirailleurs dans les vignes ou les jardins de Charonne et de Montreuil. En ce moment, le major Evain crut devoir faire agir les réserves d'artillerie de la garde parisienne, servies par les élèves de l'Ecole polytechnique. La route de Vincennes, soutenue des deux côtés par des murs de terrasse, n'étant accessible que de front aux troupes légères de l'ennemi, un tel avantage lui fit penser qu'il pouvait les y engager

Charge de cavalerie russe sur la réserve d'artillerie de la Garde parisienne, à la barrière du Trône.

sans trop hasarder. Cet officier, sans s'arrêter au manque d'infanterie, et présumant d'ailleurs que le feu des premières pièces tiendrait en échec la cavalerie légère qu'elle aurait à combattre ; plein de l'espoir de former une utile diversion à l'extrême droite du duc de Raguse, ou d'empêcher du moins les troupes légères des Alliés de le déborder, partit vers une heure après midi, sous l'escorte de quelques gendarmes.

Ces vingt-huit pièces traînées à la prolonge

par des chevaux de poste et de rivière que conduisaient des charretiers inexpérimentés, formaient avec les caissons une colonne tellement allongée, que la queue en défilait encore à la barrière quand la tête atteignit l'extrémité de l'avenue. Arrivé au point où elle est coupée par le chemin de Charonne à Saint-Mandé, cet officier fit mettre les premières pièces en batterie sur la chaussée, et à sa gauche dans la route de Charonne. Le feu s'alluma et commençait à inquiéter les lanciers russes postés en avant de Montreuil, lorsque le comte de Pahlen leur riposta avec une batterie légère, et ordonna au général Kamenew de les attaquer, en se portant sur elles, derrière les maisons et les granges du Petit-Vincennes. L'artillerie russe tira d'abord à cartouches, mais hors de portée, et la mitraille tomba sans effet en avant de nos canonniers. L'ennemi s'en aperçut, tira à boulet, et démonta quelques pièces. Pendant ce combat d'artillerie, le général Kamenew exécutait son mouvement. Pris d'abord en flanc, ensuite caché bientôt par les maisons, dérobé aux vues du château par le mur du parc, il arriva en faisant un quart de conversion sur la chaussée, et s'élança contre les batteries: les gendarmes qui les flanquaient à droite se replièrent, et rien ne les soutenant elles firent volte-face. L'encombrement des pièces et des caissons, la frayeur des chevaux, l'inexpérience des conducteurs, jettent le désordre dans la colonne. Les lanciers tuent, mettent hors de combat, ou enlèvent les canonniers, et s'emparent de leurs pièces. Mais au moment où le général Kamenew ne trouvait plus de front aucun obstacle, et croyait avoir le temps d'éviter la charge de flanc dont le menaçait le général Vincent avec les Cosaques polonais, le colonel Ordener se frayant un passage à travers les clôtures des jardins, tombe avec le 30ᵉ régiment de dragons sur le flanc de l'ennemi, et le force de lâcher prise. Le major Evain en profite pour rallier quelques pièces, les mettre en batterie, et seconder par un feu de mitraille la charge des dragons. A la barrière du Trône, la garde nationale, malgré sa faiblesse, forme un détachement qui, sous les ordres du chef de bataillon Saint-Romain et du capitaine Calmer, se porte au soutien de l'artillerie. Le général Kamenew se retire alors emmenant plusieurs pièces et quelques prisonniers, au nombre desquels étaient six élèves (1) de l'Ecole

---

(1) Un de ces Elèves renversé dans un fossé, allait être percé d'un coup de lance, quand un lancier, touché de son courage et de sa jeunesse, arrêtant le bras de son camarade, s'écria : « *Pas tuer jeune Français!* »

Ils furent rendus le surlendemain par le général Sacken, gouverneur de Paris.

CHAPITRE XXVII. 473

polytechnique. Quinze autres furent blessés, la plupart de coups de lance, quelques-uns assez grièvement. La retraite de l'ennemi décida la rentrée des réserves qui s'effectua sans autre événement.

Cet engagement du comte de Pahlen plus rapproché que les attaques du prince royal de Wurtemberg, n'eut toutefois comme elles d'autre résultat que d'assurer les mouvemens de l'ennemi sur les hauteurs, sans menacer encore la droite du duc de Raguse. Ce ne fut, comme nous le verrons, qu'à la fin de la journée que le comte de Pahlen, suivant le progrès des siens sur le plateau, vint serrer de plus près la cavalerie des généraux Chastel et Bordesoulle.

Revenons maintenant aux mouvemens principaux qui, sur les hauteurs comme dans la plaine, décidèrent du sort de la capitale; et afin de ne point morceler des événemens qui s'enchaînent, considérons tour-à-tour ce qui se passe sur les deux grands théâtres entre lesquels se divise le véritable champ de bataille, en signalant dans chacun de ces tableaux, les actions qui se lient, ou exercent quelque influence sur les attaques collatérales.

Nous avons laissé le général Barclay de Tolly rappelant ses tirailleurs, reformant ses corps, se bornant à un combat d'artillerie, et attendant pour reprendre l'offensive, que le prince royal de Wurtemberg assurât sa droite, et que l'armée de Silésie, occupant entre le canal de l'Ourcq et Montmartre, la majeure partie des forces du duc de Trévise, ne laissât plus devant Pantin que les réserves de la Garde.

Ces conditions étant remplies, et le maréchal Blucher détachant même au soutien de ce poste la cavalerie des corps prussiens sous le général Katzler, le comte Barclay de Tolly saisit cet instant, pour recommencer l'attaque avec plus de méthode et de vigueur.

<small>3ᵉ moment, sur les hauteurs. Attaque de la droite. Les Russes s'emparent de Charonne.</small> Sur les hauteurs, le général Rayefski dirige la division Mezenzow contre le duc de Padoue qui occupait encore le plateau de Malassise. Dans cette position, nos troupes ayant à dos des escarpemens ou des pentes rapides, se replient, et le duc de Padoue, qui occupait comme postes avancés, les villages de Charonne et de Bagnolet, prend sa ligne sur la berge gauche du vallon, refusant sa droite protégée par la profondeur croissante de ce dernier, et l'obliquité des berges qui se replient vers le parc de Saint-Fargeau, et laissent, entre elles et le Mont-Louis, la gorge de Charonne.

Le général Mezenzow attaqua le village de Bagnolet, tandis que le général Gortschakow II, essaya d'enlever celui de Charonne. On se fusille: mais bientôt les progrès des Russes sur le centre du maréchal duc de Raguse, l'obligent à marquer la retraite du duc de Padoue dans le parc St.-Fargeau, et celle de la cavalerie des généraux Bordesoulle et Chastel, dans la gorge de Charonne. L'ennemi s'empare alors du village de Bagnolet et de celui de Charonne, dont ses tirailleurs débouchent pour se porter sur la barrière de Fontarabie, et tourner le cimetière du Mont-Louis. Heureusement la butte de Fontarabie était occupée depuis le matin par une batterie de quatre pièces, soutenue d'un bataillon de la 7e légion de la garde parisienne, commandé par M. de Brévannes, son colonel. Ce détachement bien appuyé aux escarpemens que forment sur la route de Charonne, les carrières du Mont-Louis, se liait par sa droite à ceux des 8e et 9e légions qui occupaient le petit faubourg en avant de la barrière de Montreuil, et dont les tirailleurs disputaient les jardinages et les vignobles entre Charonne et Montreuil. La batterie de la butte de Fontarabie retarde la marche du prince Gortschakow; 50 gardes nationaux de bonne volonté sortent des rangs, et vont tirailler contre sa colonne qui se borne, pour le moment, à occuper le village de Charonne.

Attaques du centre et de la gauche.
Les Français sont repoussés dans la position du Télégraphe.

Tandis que ces choses se passaient à la droite du maréchal duc de Raguse, le centre et la gauche de sa position étaient aussi attaqués ou plutôt accablés par des forces supérieures.

La division Pitschnitzki, jalouse de réparer l'échec qui l'avait rejetée à Pantin, s'avançait sur le chemin de Romainville à Belleville, flanquée à gauche par les cuirassiers d'Astracan et de Pleskow, à droite par les 8 bataillons de grenadiers du général Tschoglikow. Ces colonnes forcent la faible brigade du général Chabert à se replier devant elles, et marchent à grands pas sur le chemin de Belleville, précédées d'un essaim de tirailleurs.

A l'exception de la division Ricard, massée comme réserve à hauteur du parc de Brière, le corps du Maréchal était dispersé et combattait sans ordre apparent. Bientôt l'action n'offre de notre côté qu'une espèce de mêlée : les tirailleurs poursuivis trop vivement, se rallient en pelotons pour opposer plus de force à l'issue des débouchés, et s'éparpillent ensuite de nouveau. Mais quelque favorables que les jardins, les clôtures et les autres accidens de ce terrain inégal fussent à ce genre de défense, de simples tirailleurs ne pouvaient arrêter les masses de l'ennemi. Le duc de Raguse voyant ses progrès, se décide à tenter un effort vigoureux. Il ordonne

CHAPITRE XXVII. 477

au général Clavel, commandant une des brigades de la division Ricard, de se plier en colonne d'attaque. Cette brigade, moitié de sa réserve, et formant à peine un faible bataillon, est conduite par le Maréchal en personne contre la tête de la division Pitschnitzki : elle s'avance avec courage ; mais une batterie russe établie dans le bois sur une butte d'où elle plongeait la route, ouvre à l'instant son feu, et jette le désordre dans ses rangs. L'ennemi saisit l'instant : ses grenadiers l'abordent par le flanc gauche ; ses cuirassiers se précipitent sur la droite ; elle est enfoncée : le Maréchal a un cheval tué sous lui ; son chef d'état-major est blessé ; tous deux se dégagent avec peine ; le général Clavel blessé, est pris au milieu des siens. Les fuyards se jettent sur le reste de la réserve et l'entraînent, poursuivis par l'ennemi à grands pas. Mais le général Compans porte de suite un bataillon de jeune garde à la butte du Télégraphe et le colonel Ghéneser, qui occupait le parc de Brière, tombe avec 200 hommes sur les derrières des grenadiers russes. Ce coup d'audace les arrête, et tandis que l'infanterie du général Pitschnitzki s'empare du parc de Brière, le Maréchal rallie au Télégraphe les corps épars de son armée.

Aussitôt il reforme sa ligne, dans la position qui s'étend de Mont-Louis à Pré-St.-Gervais à tra-

Dispositions des Français dans la der-

nière position prise par le duc de Raguse vers le parc St.-Fargeau. Cette position eût exigé 10 à 12 mille hommes, et il n'en restait au Maréchal que 5 mille, déjà fatigués. Il ordonne à la cavalerie des généraux Bordesoulle et Chastel de couvrir le flanc droit de Ménilmontant, et la position du Mont-Louis, tandis que le duc de Padoue, rappelé de Bagnolet, s'établit dans le parc de Saint-Fargeau en tête de Ménilmontant, ayant en face la butte des Tourelles. Le parc se remplit de batteries et de tirailleurs. Les divisions Ricard, Lagrange et Ledru s'étendent du Télégraphe jusqu'au-delà de Belleville, et se lient à la division du général Boyer de Rebeval qui tenait encore Pré-Saint-Gervais et les berges du plateau de Beauregard au-dessus de ce village. Cette dernière se lie aussi à la brigade d'infanterie légère de la garde qui, sous les ordres du général Michel couvrait toujours le hameau des Maisonnettes, et gardait les ponts du canal de l'Ourcq. A l'extrême droite, la cavalerie des généraux Bordesoulle et Chastel désormais plus embarrassante qu'utile, est amoncelée sur le flanc droit de Ménilmontant en butte à l'artillerie ennemie, sans qu'on songe à la faire filer dans la plaine de Saint-Denis, où l'on allait en sentir si vivement le besoin.

Le comte Barclay de Tolly de son côté, maître enfin du parc de Brière, de Charonne et de

CHAPITRE XXVII.

Bagnolet, dispose tout pour chasser le maréchal duc de Raguse de sa seconde et dernière position.

Mais avant de donner le dispositif de cette attaque, il est nécessaire d'exposer en peu de mots ce qui s'est passé depuis onze heures, entre les hauteurs et le canal de l'Ourcq. Le général Michel avait été grièvement blessé, et sa brigade de droite renforcée par la division Curial, quand le général Katzler essaya d'exécuter le mouvement qui lui était prescrit, pour soutenir à Pantin la gauche du général Barclay de Tolly. Le général Katzler passe en effet, sans obstacle, le pont du canal au-delà de la ferme de Rouvroy et s'avance entre le canal et Pantin, tandis que les grenadiers russes débouchent du village. Mais une batterie de position de 12 pièces foudroyant ces colonnes, les force de chercher un abri derrière les maisons, et la cavalerie prussienne se couvre elle-même des clôtures de la ferme de Rouvroy. Cependant le duc de Trévise pressé, comme nous le verrons, à la gauche du canal, y rappelle le général Curial, en sorte que le colonel Secrétant reste seul pour couvrir le hameau des Maisonnettes et le flanc de Belleville. La butte de Chaumont n'était gardée que par de faibles détachemens des 5e et 6e légions de

3e moment, dans la plaine. Les Prussiens s'emparent de la ferme du Rouvroy.

la garde parisienne, et avait pour toute défense une batterie de 4 pièces servies par des élèves de l'Ecole polytechnique. La gorge entre les buttes de Chaumont et de Beauregard était faiblement occupée, et le chemin qui s'élève des Maisonnettes à Belleville, offrait à l'ennemi le moyen de tourner la gauche du maréchal de Raguse.

<small>4ᵉ moment. Attaque simultanée de Menilmoutant, Belleville et Pré-St.-Gervais.</small> Le comte Barclay de Tolly conçut l'idée de prendre à revers le Pré-Saint-Gervais, en même temps que le prince Eugène de Wurtemberg l'attaquerait de front. Mais pour effectuer l'attaque de flanc, il fallait rejeter la brigade Secrétant sur le hameau des Maisonnettes et vers la barrière de Pantin. A cet effet, le général en chef demanda au général Yorck, 4 bataillons d'infanterie qui se portèrent à sa droite, sous les ordres du prince Guillaume de Prusse, et se réunirent près du Rouvroy aux troupes du général Katzler pour rejeter sur les Maisonnettes les chasseurs-vétérans encore maîtres des ponts de l'Ourcq.

Le lieutenant-général Yermolow avec la division de grenadiers russes, les grenadiers-gardes-du-corps et le régiment de Pawlosk, eut l'ordre d'enlever ce hameau, et de se porter par la route entre les buttes de Beauregard et de Chaumont, pour prendre en flanc Belleville, et à revers la position du Pré-Saint-Gervais.

CHAPITRE XXVII. 481

Le prince Eugène de Wurtemberg se tint prêt avec le reste des troupes, à faire un effort simultané sur ce village.

Le général Tschoglikow fut chargé en même temps d'aborder la tête de celui de Belleville, tandis que le général Paskiewitsch attaquerait celle de Ménilmontant, et que le comte Mezenzow, soutenu à sa gauche par la cavalerie du comte de Pahlen, se porterait sur le flanc de ce village et les hauteurs qui le séparent du cimetière de Mont-Louis.

Des attaques effectuées avec des forces aussi considérables, ne pouvaient être arrêtées que quelques instans, même par la défense la plus désespérée. Sur tous les points on résista avec courage : mais partout il fallut céder au nombre. En vain la cavalerie du général Chastel essaye d'arrêter les colonnes de Mezenzow ; en vain l'artillerie du Mont-Louis les bat d'écharpe ; les pertes qu'elles éprouvent ne ralentissent point leur marche ; elles gravissent les vignes et les jardinages qui couvrent les pentes du bassin de Charonne, et notre cavalerie dans ce terrain hérissé d'obstacles, est bientôt forcée de se replier par les rampes des chemins difficiles, sur les barrières de Paris. L'ennemi pénètre par le flanc droit dans le village de Ménilmontant. La cavalerie du comte Pahlen force en même temps, les tirailleurs et les détachemens qui disputaient les faubourgs de Montreuil et de Fontarabie à se replier sur les barrières, et menace le flanc de la cavalerie française, tandis que l'infanterie russe couronne avec de l'artillerie les croupes de Mont-Louis et de Ménilmontant, domine les boulevards extérieurs et le verger des Amandiers, et se dispose à lancer des obus dans les quartiers les plus voisins de Paris.

Le duc de Padoue perd Ménilmontant. Le duc de Padoue, menacé sur ses derrières, et vivement attaqué de front par les colonnes de Paskiewitsch, cède à la force et est rejeté de Ménilmontant sur Belleville.

Presqu'en même temps, le prince Eugène de Wurtemberg attaque de front le village de Pré-Saint-Gervais. Les Russes et les Prussiens débouchent de Rouvroy et de Pantin contre la division Curial et la brigade Sécretant. La batterie de position qui, vers onze heures, tenait en échec les colonnes ennemies, ne tirant plus que des boulets d'un calibre inférieur, n'a que des effets incertains. Les corps de la garde sont rejetés sur les barrières à travers le hameau des Maisonnettes. Le général Yermolow occupe en force ce faubourg extérieur, et dirige aussitôt une colonne protégée par des batteries et précédée de nombreux tirailleurs dans la gorge entre les buttes Chaumont et Beauregard. Ces tirail-

Prise du ham. des Maisonnettes par l'ennemi.

CHAPITRE XXVII. 483

leurs se divisent : les uns pénètrent dans Belleville par les rues latérales ; les autres se portent sur les derrières de la division Boyer ; une colonne avec de l'artillerie et de l'infanterie légère chasse sur la butte Chaumont, la poignée de soldats qu'elle avait devant elle, et les canonniers forcés d'abandonner leurs batteries. Ceux-ci secondés par des gardes nationaux de bonne volonté, essayent encore d'arrêter la poursuite, en tirant quelques coups de la batterie qui défendait la butte ; mais ce faible feu bientôt éteint, les soldats et les canonniers de la ligne ainsi que les détachemens des 5e et 6e légions sont rejetés sur les barrières par la rampe de Belleville ou par les sentiers et les pentes de la butte Chaumont ; les tirailleurs ennemis pénètrent à la fois dans les rues basses de Belleville, et à la gorge du village sur la butte des Trois-Moulins, pendant que la colonne et son artillerie prennent position sur la butte et s'apprêtent, comme à Mont-Louis, à lancer des obus sur Paris.

Prise de la butte Chaumont par l'ennemi.

Tandis que le général Yermolow s'emparait de la butte Chaumont, et s'établissait aux débouchés mêmes de Belleville, une partie de ses troupes prenait à revers le Pré-Saint-Gervais que bordait de front le prince Eugène de Wurtemberg. Le général Compans aperçoit le péril où ces attaques jettent la division Boyer et

31*

lance contre les troupes d'Yermolow l'escadron d'éclaireurs polonais, commandé par le capitaine Zajonczek (1), le seul qui lui restait de la division Chastel. Cet escadron repousse les tirailleurs ennemis sur leurs masses. Le général Compans en profite pour rappeler de Pré-Saint-Gervais la division Boyer, laquelle effectue sa retraite sur Belleville avec des peines infinies, abattant des pans de murs entiers, barricadant les passages, essayant, mais en vain, d'arracher des jardins l'artillerie que des chevaux de fiacre y ont conduit le matin, et qu'elle est enfin contrainte d'y abandonner. Cette retraite anime le prince de Wurtemberg; maître du Pré-St.-Gervais, il gravit la butte de Beauregard, et ses tirailleurs pénètrent dans Belleville avec ceux du général Yermolow.

Pré S. Gervais est évacué par le gén. Boyer de Rebeval.

Cependant le duc de Raguse qui défendait en personne la tête de Belleville et la position du Télégraphe contre le général Tschoglikow, se voit à la fois menacé sur ses flancs et sur ses derrières par ces attaques et par le mouvement rétrograde des ducs de Padoue et des généraux Bordesoulle et Chastel. Une situation si critique demandait une résolution généreuse. Le Maré-

Les Russes pénètrent dans Belleville. Combat dans ce village.

---

(1) Neveu du célèbre général de ce nom, compagnon de Kosciuszko, aujourd'hui lieutenant du royaume de Pologne.

chal, son chef d'état-major, les généraux Ricard, Boudin (1) et Pelleport rassemblent les plus braves, et se jettent en désespérés sur les Russes. Le Maréchal atteint d'une balle, en reçoit une forte contusion; le comte Ricard est blessé au pied; le général Pelleport l'est aussi d'un coup de baïonnette; mais ils restent maîtres du village, et la brigade de gauche de la division Lagrange, reprend en avant sa première position.

Le duc de Raguse profite de cet instant de relâche pour rétablir l'ordre dans la ligne. Il fait occuper fortement la rue haute qui conduit à Ménilmontant, et répartit le reste de son infanterie dans les rues basses pour les disputer aux troupes ennemies qui occupaient la butte du Moulin, et dominaient la grande rue au point où elle descend en pente rapide vers la barrière.

Ce fut dans cette position que le Maréchal, promenant ses regards autour de lui, s'aperçut que l'ennemi, de Charonne et de Menilmontant, lançait déjà des obus contre Paris, et que la cavalerie allait être acculée aux barrières par celle du comte de Pahlen.

Dans cette extrémité où il ne restait qu'à dis-

---

(1) Ce Général se trouvant à Paris pour se rétablir d'une blessure, vint volontairement partager les périls de la journée.

puter les rues mêmes de Paris, le Maréchal crut devoir faire usage de l'autorisation du roi Joseph. Bien qu'il l'eût reçue vers une heure, comme alors rien n'était désespéré, il n'avait pas cru devoir s'en servir ni même en faire mention. Toutefois, avant d'entamer les pourparlers, il voulut connaître la position du duc de Trévise et l'informer de la sienne. Or, celui-ci se trouvait, comme nous le verrons, dans une position non moins critique; mais l'officier, porteur de la dépêche du Roi, s'étant égaré, elle ne lui était point parvenue. En conséquence, il répondit qu'il fallait avant tout consulter le lieutenant de l'Empereur qu'on cherchait vainement depuis trois heures. Le duc de Raguse informé de son départ et tenant en main l'autorisation qu'attendait son collègue, n'avait point de temps à perdre pour

Le duc de Raguse demande et obtient une suspension d'armes.

éviter un dernier choc dont l'issue eût transformé Paris en un champ de bataille. Prenant donc son parti, il envoya un de ses aides-de-camp au Généralissime qui, des hauteurs en avant de Belleville, observait les progrès des attaques du comte Barclay de Tolly. On convint d'une suspension d'armes de deux heures, sous condition que le Maréchal achevant de céder les hauteurs, se bornerait à couvrir et défendre l'enceinte de Paris, et se concerterait avec son collègue pour traiter d'une convention stipulant en principe son évacuation.

CHAPITRE XXVII. 487

En effet le duc de Raguse se hâta de le préve- *4ᵉ moment, dans la plaine.*
nir de la trève et de ses conditions, et lorsque *Attaq. simul-*
l'avis en parvint au duc de Trévise, la fortune *tanée d'Au-*
bervilliers, de
avait trahi nos efforts dans la plaine comme sur *la Villette et*
le plateau. Mais avant d'exposer la situation de *de la Cha-*
pelle.
ce Maréchal, reprenons avec quelques détails
le récit des attaques qu'il eut à soutenir à la
droite du canal de l'Ourcq.

Tandis que la grande armée alliée attaquait
et tournait les hauteurs, le corps du comte *Prise d'Au-*
bervilliers par
Langeron dans son mouvement offensif, chas- *les Russes.*
sait d'Aubervillers sur la Chapelle les tirailleurs
du colonel Robert, et y rejetait sa brigade ainsi
que le détachement d'infanterie et de cavalerie
qui, sous la conduite du major Koziétulski des
éclaireurs polonais de la garde, cherchait à
introduire des munitions dans Saint-Denis. Les
généraux Kapzewitsch et Karnielow, croyant
ce poste hors d'insulte, s'étaient bornés à le blo-
quer, et repliés avec le reste de leurs troupes
vis-à-vis Clignancourt et la Chapelle. Le comte
de Langeron arrivé avec le gros de son corps à
la hauteur de Saint-Ouen, avait dirigé sur le
chemin de ce village aux Batignolles, un détachement et une batterie qui devaient marcher à hauteur du général Kapzewitsch, et
observer ce qui sortirait de Paris par la barrière de Clichy. Le général Rudzewitsch reçut de lui en même temps l'ordre d'envoyer par

le chemin de la Révolte, vers le bois de Boulogne, un corps de cavalerie, quelqu'artillerie légère et ce qu'il fallait d'infanterie, pour balayer la plaine de Clichy, et observer les détachemens de la garde parisienne qui pourraient se montrer aux barrières de l'Est.

Cette colonne mise sous les ordres du général Emmanuel, effectuait son mouvement de flanc, à une trop grande distance et avec trop de circonspection, pour que le duc de Trévise fût à même de l'inquiéter. D'ailleurs comme il ne menaçait pas immédiatement sa droite ou ses derrières, et ne lui enlevait point les forces dont il avait besoin pour résister au reste de l'armée de Silésie, il se contenta d'ordonner au général Belliard d'étendre sa gauche, par Clignancourt vers la plaine de Clichy et de faire observer dans cette direction le détachement du comte de Langeron par la petite brigade de cavalerie de la garde aux ordres du général Dautencourt (1), qui tirailla tout aussitôt avec l'ennemi.

Après avoir pris sur sa gauche ces mesures de prudence, le duc de Trévise ne s'occupa qu'à tenir

---

(1) Elle se composait de 320 grenadiers, dragons, chasseurs, mamelouks et éclaireurs, fonds de tous les dépôts.

tête aux masses qu'il avait devant lui. Tandis que le général Katzler se portait, comme on l'a vu, au soutien de Pantin, le Prince Guillaume de Prusse, qui n'était pas encore détaché sur ce village, s'avançait contre la Villette, et le général Horn flanqué par quatre régimens de cosaques, marchait contre la Chapelle. L'attaque du premier poste fut soutenue par le général Woronzow qui entra en ligne au même moment. L'artillerie que le duc de Trévise conservait dans les redoutes de 1792, et spécialement dans celle élevée en avant du village, foudroie les masses et l'artillerie ennemies. Celle-ci riposte, et les projectiles ricochent dans les grandes rues de la Villette et de la Chapelle. Le duc de Trévise ordonne au colonel Christophe placé entre ces villages, de charger la cavalerie des Alliés; mais les dragons français sont pris en flanc par les hussards de Brandebourg, et culbutés sur l'artillerie dont ils s'emparent. Alors le général Horn attaque avec vivacité la division Charpentier, qui défend pied à pied la Chapelle. Le prince Guillaume de Prusse ordonne à un régiment de milice d'entrer de vive force dans la Villette que le comte de Woronzow attaque un peu plus sur la gauche avec les 3ᵉ et 4ᵉ régimens de chasseurs russes. La division Curial ne pouvant résister à ces efforts combinés, est forcée d'abandonner les batteries qui défendaient la tête du village,

Prise de la Villette par les Russes et les Prussiens.

et rejetée dans les rues ou derrière les flanqueurs qui se trouvaient entre les maisons et le canal.

Cependant le colonel Sécrétant, quoique grièvement blessé, conservait encore à cette époque la position en avant des Maisonnettes, et 160 à 180 chasseurs-vétérans défendaient à outrance le premier pont du canal, à droite du village.

Le duc de Trévise ayant chargé le général Christiani de reprendre la Villette, le chef d'état-major Saint-Charles est détaché avec les grenadiers-flanqueurs au soutien des chasseurs-vétérans. Mais ils venaient d'être forcés d'abandonner le pont, et de repasser le canal devant une colonne prussienne, dont les tirailleurs montés sur les digues, harcelaient leur retraite. Cette colonne débouchant du pont, les grenadiers-flanqueurs se précipitent sur elle et la rejettent de l'autre côté. Rien ne résiste à leur élan qui tient du désespoir; tout plie devant eux, pour un moment le pont est dégagé, et ils se portent même plus de cent pas en avant. Toutefois leur faible nombre ne suffit point pour garder le terrain qu'ils viennent de conquérir, car tandis qu'ils poussent en tête une partie de la colonne, les Prussiens se forment et se massent derrière eux; bientôt ils sont forcés de s'arrêter et de faire face de toutes parts; on les enveloppe, on leur crie de se rendre : ils répondent, en se frayant un passage sur les corps sanglans de leurs ennemis.

Le gros de la division, élite des troupes réunies devant la capitale, ne combattait pas avec moins de valeur dans la grande rue de la Villette. Les soldats les plus vieux ne comptaient pas trente ans; mais sortis victorieux de vingt batailles, la plupart citoyens de Paris par naissance ou par mariage, ils sentaient doubler leur courage, en combattant pour leurs foyers, sous les yeux de leurs parens et de leurs amis. D'abord, ils arrêtent la colonne qui s'avançait dans la grande rue du village, et lui reprennent 4 pièces de canon. Ils allaient le nettoyer entièrement, malgré la mitraille qui pleuvait sur eux, lorsque la garde prussienne après avoir forcé le pont du canal, se présenta sur leurs derrières, vers le point où le village aboutit à Paris. Ce mouvement décida le duc de Trévise à les rappeler et à marquer la retraite de ses troupes sur les barrières. Elle se fit en bon ordre, un bataillon tenant la grande rue, et faisant le feu de chaussée; elle s'effectua de même dans la Chapelle, où la défense un peu moins vive, fut aussi remarquable par sa méthode et sa fermeté. Les troupes stationnées entre la Villette et la Chapelle firent leur mouvement rétrograde par échiquier, sous la protection de l'artillerie. Entre ce dernier village et Montmartre, la brigade du colonel Robert pro-

Prise de la Chapelle par les Prussiens.

fita, pour couvrir sa retraite, des accidens favorables qu'offre la butte des Cinq-Moulins ; celle du général Le Capitaine (1), exécuta la sienne sous le feu de l'ennemi, avec une précision admirable en de jeunes soldats.

Cette retraite de la gauche ne fut point inquiétée par les mouvemens du comte de Langeron dont les colonnes continuaient leur mouvement vers Montmartre, les Batignolles et le bois de Boulogne. Seulement la cavalerie du général Rudzewitsch commençait à dépasser sur le chemin de la Révolte le village de Clichy, et le général Belliard avait été forcé de porter la sienne au pied de Montmartre, laissant à sa droite le village de Clignancourt, et appuyant sa gauche à la platrière sur le chemin des Batignolles à Saint-Ouen. Dans cette position, les chasseurs, les mamelouks et les éclaireurs de la garde, ayant pour réserve les grenadiers masqués par la platrière, engagèrent conjointement avec 250 à 280 gardes nationaux de la 2e légion une fusillade très-vive, dans les vignes à droite de ce chemin contre les Russes.

Quelqu'inquiétans que fussent les progrès lents mais sensibles du comte de Langeron, le

---

(1) Elève de Guibert et l'un des plus habiles manœuvriers de France, tué à Waterloo le 18 juin 1815.

Maréchal ne pouvait lui opposer que sa cavalerie, car il avait plus que jamais besoin du reste de ses troupes, pour contenir en avant des barrières les corps victorieux de Kleist, d'Yorck et de Woronzow.

Cette situation de la gauche coïncidait avec celle de la droite; ce fut alors que le duc de Trévise reçut la première communication de son collègue; mais il n'avait point encore l'autorisation de capituler, et elle ne lui parvint en effet que vers cinq heures. Ses officiers et ceux du comte Belliard cherchaient en vain le roi Joseph, disparu depuis long-temps de son quartier-général, et dans une position aussi critique, le Maréchal, par sa contenance, en imposait à l'ennemi qui hésitait encore à aborder Montmartre.

Sur ces entrefaites, survint le général baron Déjean, aide-de-camp de l'Empereur, qui l'avait expédié de Dolancourt avec des instructions verbales, pour les Maréchaux. Ainsi Napoléon, s'il en eût pris dès-lors la résolution, eût pu arriver lui-même et disputer Paris. Mais ce n'était point alors ses intentions, et les instructions dont son aide-de-camp était l'organe, prescrivaient au duc de Trévise de ne pas s'obstiner à sauver la capitale par les armes, et de chercher à la garantir d'une occupation étrangère, en donnant avis au prince de Schwarzenberg des

Mission du génér. Déjean de la part de l'Empereur au duc de Trévise.

ouvertures qu'il faisait à l'empereur d'Autriche, et devaient, disait-il, amener la paix. Bien que le duc de Trévise sentît qu'une communication de cette nature, après une bataille perdue sous les murs de Paris, ne produirait aucun effet, néanmoins il envoya de suite le général Lapointe, son chef d'état-major, en parlementaire, avec une dépêche confidentielle, pour le Généralissime. Mais comme il l'avait prévu, le prince de Schwarzenberg lui répondit qu'il était mal informé; que son Souverain tenait à la coalition par des liens sacrés, indissolubles, et qui ne lui permettaient pas de traiter séparément de la paix. A l'appui de cette réponse, il joignit un exemplaire de la déclaration des Puissances alliées à la rupture du congrès de Châtillon.

Sur ces entrefaites, l'empereur de Russie et le roi de Prusse observaient les progrès de l'armée de Silésie, et ils leur parurent tels qu'ils regardèrent la situation du Maréchal comme désespérée.

L'empereur de Russie fait sommer le duc de Trévise de se rendre.

Le général Lapointe n'était pas encore de retour, lorsque le comte Orlow, aide-de-camp de l'empereur Alexandre, vint, au nom de son Souverain, sommer le Maréchal de mettre bas les armes. Choqué d'une telle sommation, le duc de Trévise répondit avec une juste fierté que les Alliés, pour être au pied de Montmartre, n'avaient pas encore Paris; que l'armée s'ensevelirait sous ses ruines plutôt que de souscrire à une capitulation honteuse ; qu'au reste, quand il ne pourrait plus le défendre, il savait encore où et comment effectuer sa retraite, devant et malgré l'ennemi.

Mais dans cet intervalle, le duc de Raguse avait conclu sa suspension d'armes. Le duc de Trévise en reçut l'avis, et adhérant à la trève, se réunit à son collègue pour traiter d'une convention digne de leur caractère et de leur glorieuse résistance. Ils se rendirent en conséquence à la Villette où se trouvèrent, de la part des Alliés, le comte de Nesselrode, ministre de l'empereur Alexandre ; l'aide-de-camp de ce prince, comte Orlow, le comte de Paer, aide-de-camp du Généralissime, et le capitaine Peterson, délégué du commissaire anglais. En même temps, des aides-de-camp ou officiers d'état-major des deux armées, allaient, précédés d'un trompette, annoncer sur toute la ligne la suspension d'armes, et faire cesser les hostilités.

Le duc de Trévise adhère à la trève consentie par son collègue.

Les hauteurs de Montmartre devaient être remises aux Alliés comme une conséquence de la clause qui, dans la suspension d'armes, donnait pour ligne aux Maréchaux l'enceinte même de Paris. Un aide-de-camp de l'empereur de Russie fut envoyé au comte Langeron pour l'en informer ; mais soit que cet officier général fût jaloux de remplir avant la fin de la journée la tâche qui lui avait été assignée dans le plan d'attaque, soit que l'éloignement n'eût pas permis de lui donner assez tôt connaissance de la trève, les hostilités continuèrent quelque temps encore à Montmartre, aux Batignolles et à la barrière de Neuilly.

Nous avons cru devoir placer ces épisodes à la fin de notre relation, tant à cause de l'intérêt qu'ils offrent par la nature particulière des engagemens ou les conséquences qu'ils pouvaient avoir sur le sort de Paris, que parce qu'ils terminèrent en effet la journée.

5ᵉ moment. Attaques sur Montmartre, les Batignolles et la barrière de Neuilly.

Avant de décrire les attaques, rappelons en peu de mots les faibles ressources qu'offrait sur ce point la défense.

Montmartre avait reçu le matin quelques détachemens de la garde parisienne : les légions voisines et même des légions éloignées, telles que la 9ᵉ et la 10ᵉ, envoyèrent sur ce point des pelotons de grenadiers ou de chasseurs; mais vers onze heures et demie, c'est-à-dire à l'instant où les mouvemens du comte Langeron, vers Saint-Ouen, déterminèrent le départ du roi Joseph, des officiers généraux vinrent donner à ces détachemens, l'ordre de descendre aux Batignoles et dans la plaine de Clichy. Il ne resta sur Montmartre qu'un faible détachement de vétérans et de conscrits tirés de la garnison de

Paris. Ce ne fut qu'un peu plus tard qu'on dirigea sur ce point, à défaut d'autre infanterie, le bataillon de sapeurs-pompiers de la garde, affaibli par les postes qu'il avait été obligé de laisser aux Tuileries et à sa caserne, rue de Clichy. L'artillerie placée sur le haut de la butte consistait en deux batteries, l'une de sept bouches à feu au moulin de la Lancette, et l'autre de deux pièces au Moulin-Neuf; bonnes pour battre au loin la plaine, elles n'opposaient l'une et l'autre de près, que des feux fichans, peu dangereux aux masses arrivées au pied de la montagne. Il n'y avait à la hauteur de Clignancourt que la cavalerie du général Belliard et son artillerie légère, en état d'arrêter les progrès des attaques directes du comte de Langeron.

Rien ne l'empêchait de les combiner avec les attaques de flanc, et particulièrement sur le faubourg des Batignolles où convergent les routes de Saint-Ouen et de Clichy à Paris. Déjà la cavalerie du général Emmanuel arrivait par cette dernière à hauteur de Villiers, où ses tirailleurs étaient aux prises dans la plaine avec ceux de la garde parisienne, et pouvaient en peu de minutes insulter les faubourgs des Batignolles et de Mouceaux. D'un autre côté, une colonne d'infanterie s'avançait avec une batterie par le chemin de Saint-Ouen, et prit bientôt après position au point où ce chemin coupe la croupe qui descend de la hutte des Gardes vers Clichy.

Enfin, ces attaques de front et de flanc pouvaient être favorisées par une diversion sur les barrières de l'Ouest, notamment sur celle de Neuilly; puisque la colonne qui suivait le chemin de la Révolte, parvenue à la porte Maillot, avait moins d'un kilomètre à parcourir pour insulter cette barrière.

Depuis la barrière de Clichy jusqu'à celle de Neuilly, l'enceinte et les faubourgs extérieurs n'étaient défendus que par la garde parisienne; et comme l'extrême gauche de l'armée ne s'étendait que jusqu'à Montmartre, cette ligne se trouvait abandonnée au duc de Conegliano.

Dispositions de défense sur l'extrême gauche de la ligne. Dès que ce Maréchal aperçut le mouvement des corps du comte Langeron sur les chemins de la Révolte et de St.-Ouen, il se porta à la barrière de Clichy. Le comte Regnaud de St.-Jean d'Angely, chef de la 2e légion, ayant reçu, comme président de la section de l'intérieur au Conseil d'Etat, l'ordre de se rendre à Blois, et de transmettre des ordres semblables aux membres de cette section, le Maréchal confère au chef de bataillon Odiot le commandement provisoire de la légion et des détachemens qui occupaient la barrière de Clichy et la chaussée de St.-Ouen, où il fait avancer une batterie légère, destinée avec deux pièces établies sur la butte des Deux-Moulins, à battre la colonne et l'artillerie que l'ennemi dirigeait par cette route sur la croupe de la hutte des Gardes. Les détachemens qui, vers midi, étaient descendus de Montmartre dans la plaine, se replièrent sur les Batignolles, pressés par les troupes légères russes. Le duc de Conegliano leur ordonne de se jeter dans les maisons (1), pour y soutenir avec plus d'efficacité et moins de péril la batterie légère, et protéger au besoin la retraite de la brigade Dautancourt, qu'il fait prévenir de ces dispositions par son fils (2).

Rassuré sur ce point, le Maréchal visita les autres barrières; son chef d'état-major arri-

---

(1) Un faux point d'honneur empêcha d'abord une partie des gardes nationaux de s'y loger : « *Nous n'avons pas peur*, disaient-ils, » *et nous ne voulons pas nous cacher.* » Le duc de Conegliano, pressé de donner ses ordres ailleurs, laisse sur ce point son Chef d'état-major, qui ne parvient à les persuader qu'en leur demandant s'ils croyaient sérieusement que le doyen des Maréchaux leur conseillât une lâcheté. Ce trait et beaucoup d'autres confirmèrent dans cette journée une observation dont il importe de tenir compte à la guerre, c'est que les troupes inexpérimentées, les plus susceptibles sans doute de terreurs paniques, ne le sont pas moins des actes d'un courage inutile, et courent elles-mêmes au-devant du péril qui les étonne.

(2) Le colonel Moncey se trouvait alors à Paris pour se guérir d'une blessure reçue à Champaubert, et n'avait pu résister au désir d'être utile à son père dans cette mémorable journée.

vant à Montmartre, pour rendre compte au roi Joseph de sa seconde reconnaissance, trouvant le pavillon désert, et remarquant les progrès du général Emmanuel sur le chemin de la Révolte, se porta rapidement aux barrières de Neuilly et du Roule pour observer de plus près ses mouvemens, et aviser aux moyens les plus propres à les retarder, ou du moins à mettre cette partie de l'enceinte à l'abri d'insulte, tandis que l'armée contiendrait de front les masses de l'ennemi. Les commandans des barrières prirent ces mesures avec autant de zèle que d'intelligence : ils mirent en bataille leurs postes sur les crêtes qui dominent les Thermes et la plaine du bois de Boulogne, y portèrent des patrouilles et des tirailleurs ; et l'artillerie fut conduite en avant de l'arc de triomphe, où on la couvrit sur-le-champ d'abattis.

Ces dispositions et celles prises aux Batignolles, appelèrent l'attention de l'ennemi. La colonne qui suivait le chemin de Saint-Ouen s'arrêta ; celle qui marchait par le chemin de la Revolte déclina au loin sur la gauche, et tâcha de rejeter nos tirailleurs sur les barrières. Lorsque sa tête parvint à la porte Maillot, le général Emmanuel n'osa l'engager de suite et toute entière dans le bois de Boulogne. Un détachement de troupes légères avec quelques pièces et de nombreux tirailleurs, marcha contre la barrière de l'Etoile; soit qu'il eût dessein de pénétrer dans Paris, de jeter l'alarme aux Champs-Elysées et jusqu'aux Tuileries; soit qu'il voulût seulement reconnaître et contenir des troupes qui montraient une belle attitude dans une position avantageuse (1).

Mais une attaque plus sérieuse menaçait la butte Montmartre. Tandis que le détachement et l'artillerie destinés à contenir le faubourg des Batignolles, s'avançaient par le chemin de Saint-Ouen sur la croupe de la hutte des Gardes, le reste du corps de Rudzewitsch, fort de 20 bataillons, se dirigea entre la hutte et la gauche de Clignancourt ; celui du général Kapzewitsch marcha contre le centre et la droite de ce village. Ces deux colonnes, précédées d'une artillerie formidable, arrivent à petite portée de fusil de la cavalerie du comte Belliard. En vain pour les arrêter le général Dautancourt les charge à la tête des chasseurs que commandait le chef d'escadron Lafitte, il est ramené par leur feu; le général Sparre avec les 5e et 12e de dragons

Charges de cavalerie française sur la gauche de Clignancourt.

---

(1) En effet, si ces forces eussent été assez nombreuses pour prendre l'offensive contre cette colonne de cavalerie, elles auraient pu la faire repentir de cette longue marche de flanc, sur une route à laquelle aboutissent les chemins courts et faciles qui descendent des barrières sur Clichy, Villiers et Neuilly.

n'est pas plus heureux, et bientôt toute la ligne est obligée de se refugier au pied de Montmartre. Débordé de part et d'autre, le comte Belliard n'est plus libre de chercher un meilleur terrain dans les plaines latérales; alors le comte Langeron réunit 30 à 36 pièces de canon, et bat à mitraille cette cavalerie que protégeait à peine quelques pièces légères, et que l'artillerie de position ne défendait plus. Ce feu terrible l'ébranle enfin; elle est forcée de faire volte-face et de se retirer par les rues étroites et rapides qui conduisent au sommet de Montmartre. Les régimens de marche des colonels Christophe, Ghigny et Leclerc, les dragons du général Roussel, ainsi que la brigade Dautancourt remontent au galop ses pentes escarpées.

Au milieu de cette retraite précipitée, le général Belliard aperçoit sur le flanc gauche de la butte, le bataillon de sapeurs-pompiers de la garde, le jette dans un enclos à mi-côte, et lui prescrit de tenir ferme. Ces 250 hommes furent l'unique troupe que les deux colonnes d'infanterie des généraux Kapzewitsch et Rudzewitsch rencontrèrent; aussi elles gravirent la butte en peu d'instans, la couronnèrent et couvrirent bientôt la naissance des rampes qui descendent à Paris.

Prise de Montmartre par les Russes

CHAPITRE XXVII.

La cavalerie du général Belliard venait d'y rentrer en grande partie, par les barrières que tenait encore le duc de Trévise. Deux escadrons, l'un de cuirassiers, l'autre de dragons, se retiraient par les boulevards extérieurs, sur celle de Clichy, lorsque le chef d'état-major de la garde parisienne accourut et invita leurs chefs à protéger la gauche du maréchal de Conegliano qui tenait encore la tête des Batignolles. Ces officiers s'y portèrent de suite et continrent les troupes légères russes, jusqu'à ce qu'enfin accablés par le nombre, ils furent obligés de se replier sur la barrière de Mouceaux.

Ce mouvement rétrograde, la prise de Montmartre et la marche de l'ennemi pour déborder de ce point le faubourg des Batignolles, déjà menacé par les routes de Saint-Ouen et de Clichy, ébranlèrent les gardes nationaux qui le défendaient; et par un mouvement spontané, les canonniers abandonnèrent les pièces des Moulins: la batterie légère fit volte-face; les grenadiers et les chasseurs se précipitèrent sur la barrière de Clichy.

Alors le Maréchal, secondé par son chef d'état-major, fit sur-le-champ ses dispositions pour la défendre et prévenir le désordre. Les grenadiers et chasseurs se postèrent aux fené- *Le faubourg de Batignolles est évacué.*

tres et sur la plate-forme du bâtiment carré qui est en avant de la barrière, aux créneaux du tambour en charpente, tandis que les canonniers-vétérans se plaçaient à leurs embrasures. Un feu vif et nourri commença aussitôt contre le faubourg, chassa des rues les tirailleurs ennemis et les força de se jeter dans les maisons.

Cependant le Maréchal ne se dissimulant pas que si l'ennemi amenait dans le haut des Batignolles une batterie supérieure à l'ancienne, il enleverait des premiers coups les palissades du tambour, conçut l'idée de ménager une retraite à ses défenseurs derrière un retranchement qu'il ordonna de construire à la hâte avec les charrettes et les bois d'un chantier. Le sentiment du péril et l'esprit d'imitation firent bientôt commencer une autre barricade dans le bas de la rue (1).

L'ennemi de son côté, soit qu'il ne jugeât point à propos d'attaquer la barrière, ou qu'il voulut en éteindre le feu avant de mettre son canon en batterie, se bornait à fusiller du haut

---

(1) Quelques sapeurs-pompiers de garde à la caserne du Mont-Blanc, s'étaient mis d'eux-mêmes à ce travail, aidés par les hommes, les femmes, les enfans du voisinage, donnant sans le savoir un exemple des ressources qui restaient à l'armée, et la meilleure raison d'un armistice qui évitait de porter le combat dans Paris.

CHAPITRE XXVII. 505

des maisons du faubourg, quand le son de la trompette annonça le parlementaire qui venait proclamer l'armistice. Le feu s'éteignit; et il continua sa route jusqu'à la barrière de Neuilly, où son arrivée mit fin au combat qui venait de s'engager entre la 1re légion et les troupes du général Emmanuel.

Les hostilités avaient enfin cessé sur toute la ligne, lorsqu'un incident les renouvela à la barrière de Clichy. Les tirailleurs russes établis dans les maisons voisines firent un mouvement qui parut offensif aux gardes nationaux postés dans le bâtiment extérieur, et le feu recommença tout-à-coup sans que d'une part ni de l'autre l'on sût s'il provenait d'un malentendu, ou si l'armistice était rompu. Le comte de Langeron ayant envoyé un parlementaire, le duc de Conegliano accouru au bruit de la mousqueterie, chargea son chef d'état-major de l'accompagner à Montmartre et de convenir avec le comte de Langeron des moyens de prévenir toute reprise inutile d'hostilités.

Pendant ces incidens, les maréchaux ducs de Trévise et de Raguse discutaient à la Villette les clauses de la capitulation. Après d'assez vifs débats, on convint que l'armée se retirerait avec son matériel, et aurait la nuit entière

Convention pour l'évacuation de Paris.

pour cette évacuation ; que les troupes alliées entreraient à Paris à six heures du matin, et ne pourraient recommencer les hostilités qu'après neuf heures. Ces conventions furent verbales, et le duc de Raguse se chargea de les rédiger et signer au nom de son collègue avec les comtes Orlow et de Paer.

L'armée remit alors à la garde parisienne les barrières qu'elle avait défendues contre l'ennemi. Le général Hullin, de son côté, fit relever tous les autres postes intérieurs occupés par la garnison. Les troupes du maréchal duc de Trévise évacuèrent Paris de suite, sous la conduite du général Curial, lequel gagna par les boulevards extérieurs et le pont d'Austerlitz, la route de Fontainebleau où il les établit militairement vers minuit, en arrière de Villejuif, face à Paris : la cavalerie du comte Belliard, après une courte halte, prit la même direction. Le maréchal duc de Raguse marqua les Champs-Elysées pour rendez-vous aux corps qui avaient combattu sous ses ordres, les cosaques polonais passèrent la nuit au Bas-Passy, en avant de la barrière de Versailles ; et le lendemain, vers quatre heures du matin, ces diverses troupes défilèrent par les ponts d'Iéna et de la Concorde, sur les barrières d'Orléans et du Maine.

CHAPITRE XXVII.

Pendant que l'armée française quittait un champ de bataille qu'elle avait si glorieusement disputé, l'empereur de Russie et le roi de Prusse s'étaient portés sur les hauteurs de Saint-Chaumont, et parcourant des yeux Paris, que cessaient d'éclairer les derniers rayons du jour, contemplaient avec le sentiment naturel d'une vive satisfaction ce prix immense de la victoire. Ils retournèrent ensuite avec le Généralissime au quartier-général de Bondy. Le général en chef Barclay de Tolly, que l'empereur Alexandre venait d'élever au grade de feld-maréchal, prit ses quartiers à Romainville, son armée bivouaqua en avant de Pantin et sur les hauteurs de Belleville, Ménilmontant et Mont-Louis; celle de Silésie sur Montmartre et aux environs; les corps du prince royal de Wurtemberg et du comte de Giulay s'établirent à Saint-Maur et à Charenton. Les troupes du général Emmanuel occupèrent les Thermes, la porte Maillot; et ceux de ses coureurs dirigés sur les ponts de la Seine, trouvèrent leur gîte à Auteuil et Boulogne.

Tandis que tous ces mouvemens se faisaient autour de Paris, cette partie de sa population pour qui tout est spectacle, stationnée sur les anciens boulevards, regardait avec une avide curiosité les hauteurs éclairées par le feu des bivouacs, et couronnées par les troupes et les batteries de l'ennemi; mais le plus grand nombre des citoyens dans la tristesse et le deuil, sondaient avec inquiétude l'avenir que préparait un si grand événement.

CHAPITRE XXVIII.

Les Préfets de la Seine et de police se rendent avec une députation du Corps municipal au quartier-général des Alliés, pour réclamer la conservation de la Garde parisienne. — Entrée des Souverains à Paris. — Révolution du 31 mars. — Déclaration de l'Empereur Alexandre. — Mesures prises pour le service intérieur de Paris. Déclaration du Conseil municipal. — Acte de déchéance de l'Empereur Napoléon, prononcé par le Sénat. — Gouvernement provisoire. — Adhésion du Corps législatif à l'acte de déchéance. — Mesures régulatrices de la résolution prise par le Gouvernement provisoire.

L<small>E</small> départ du Gouvernement avait laissé l'autorité civile entre les mains des Préfets de la Seine et de Police, et cette autorité, suspendue par l'état de siége et d'hostilités où la ville était placée, allait reprendre sa force par le départ de l'armée et de la garnison.

Pendant et après cette retraite, et jusqu'à l'entrée des Alliés, il fallait pourvoir à la sûreté de la Capitale, avec la garde nationale et les faibles corps des sapeurs-pompiers et de la gendarmerie municipale. Le premier avait à redoubler de vigilance contre l'incendie qui pouvait devenir à la fois un signal et un moyen de désordre et de pillage. La gendarmerie suffisait à peine à la garde du Palais de Justice et au service spécial de la préfecture de police; le reste du service, dans l'intérieur et aux barrières roulait sur la garde nationale sous les armes depuis dix heures du matin, et qu'il importait de tenir jusqu'au lendemain tout entière sur pied. En effet, il fallait contenir, aux barrières et aux brèches de l'enceinte, les cosaques et les troupes irrégulières qui cherchaient à pénétrer dans Paris par dessus les palissades; prévenir ou réprimer les excès des maraudeurs et des gens à la suite de l'armée qui réclamaient leur part du butin qu'on allait, disaient-ils, abandonner à l'ennemi; empêcher et dissiper les rassemblemens des gens sans aveu, et d'une foule de malheureux réduits à la misère par la guerre et la stagnation du commerce et de l'industrie.

Le duc de Conegliano remet le commandem. de la Garde parisienne au duc de Montmorency.

C'était dans ce moment difficile que la Garde parisienne allait perdre le chef qui jouissait à juste titre de sa confiance et de son affection. Un ordre impératif obligeait le duc de Conegliano à suivre l'armée. Par le départ des aides-majors-généraux plus anciens de grade ou de nomination, il ne restait sous les ordres immédiats du Maréchal que le duc de Montmorency et le chevalier Allent, chef de l'état-major. L'ordre du tableau désignait le premier pour le commandement; son nom et son caractère convenaient aux circonstances; pourtant il lui manquait l'habitude du service. Le chevalier Allent qui en faisait le détail depuis l'organisation, avait également l'ordre de se rendre à Blois avec le Conseil d'État, et cet ordre, en le tirant d'une position délicate, le dispensait de conserver, sous un chef de grade inférieur, des fonctions qu'il avait remplies sous un Maréchal. Toutefois le duc de Conegliano se déterminant par « *la nécessité d'assurer le service de la garde » nationale en lui laissant celui de ses chefs qui en » avait la tradition,* » invita ce dernier(1) à rester au poste que la situation critique de Paris rendait le plus honorable, et lui remit le commandement. Le chevalier Allent en réclama l'honneur pour le duc de Montmorency ; mais il offrit d'en partager les chances, et de continuer les fonctions de chef d'état-major : cet expédient conciliait tout. Un ordre du jour, ou plutôt de la nuit, annonça à la garde nationale ces dispositions, leurs motifs et les regrets du Major-général. Ce vieux guerrier partit ensuite avec le duc de

---

(1) Ordre du 30 mars au soir.

Trévise, navré de laisser l'étranger au cœur de la France, et Paris à sa merci.

Toutes les mesures prises par le duc de Conegliano ou son chef d'état-major, pour le service de la nuit, furent exécutées. Sur quelques points, l'ivresse ou la fatigue des tambours de planton empêcha les ordres de parvenir ; sur d'autres, il survint des incidens que les ordres n'avaient pas prévus; mais le zèle et l'intelligence des officiers et des gardes nationaux remédia à tout. Aux Tuileries, le chef du poste, de concert avec l'architecte, lui-même officier supérieur de la garde nationale, prit les dispositions nécessaires pour conserver et défendre au besoin le château. Dans quelques prisons, les détenus profitèrent pour s'échapper de l'intervalle qui s'écoula entre le départ des postes de la ligne et l'arrivée de la garde nationale. Elle ramena les uns et contint les autres; les maraudeurs et les gens à la suite de l'armée furent conduits ou dirigés sur ses colonnes; les cosaques qui pénétrèrent par dessus les palissades furent, suivant la consigne, saisis à l'instant même et sans bruit, et gardés en lieu sûr jusqu'au lendemain. A l'intérieur, de continuelles patrouilles prévinrent les rassemblemens. Beaucoup de maisons étaient barricadées, et dans presque toutes les habitans conservaient de la lumière jusqu'au dernier étage : le moindre bruit attirait aux croisées les femmes, les enfans, les vieillards. Quoique la population fût inquiète et debout, néanmoins les rues semblaient désertes; leur profond silence n'était interrompu que par la marche des patrouilles. Si, profitant de leur éloignement, quelques figures d'un aspect sinistre paraissaient se grouper comme des ombres, presque aussitôt d'autres patrouilles les écartaient ou les mettaient en fuite.

Vers le milieu de la nuit, le chef d'état-major rendit compte aux Préfets de la situation de Paris. C'était pour eux un point de tranquillité, sans que l'avenir en fût moins un sujet d'inquiétude. Comme il s'agissait de diminuer pour la capitale les charges et les fâcheuses conséquences de l'occupation des Alliés, leur premier soin devait être sans doute de nommer un gouverneur, et d'occuper les postes nécessaires à leur sûreté. Mais des troupes parlant des langues diverses, feraient-elles aussi la police de cette ville immense, au milieu d'une population nombreuse, connaissant sa force et s'indignant du joug étranger? De quelle importance n'était-il pas de conserver pour ce service la garde nationale, et d'en laisser la direction aux autorités civiles? Resteraient-elles chargées des logemens, des subsistances, de la répartition de toutes les charges publiques? Que deviendraient les établissemens, ces monu-

Anxiété des Préfets.

mens, ces musées, derniers fruits de tant de victoires?

Toutes ces pensées agitaient les deux magistrats, qui s'informaient avec anxiété du résultat des conférences de la Villette et de Montmartre. Mais ces conférences avaient eu pour objet, la première de régler les conditions de l'armistice, la seconde de prévenir à la barrière de Clichy une reprise d'hostilités. Toutefois la convention de la Villette n'était que verbale et les articles devaient en être rédigés par écrit. Le duc de Trévise en avait laissé le soin au duc de Raguse, et les deux préfets obtinrent sans peine de ce dernier, que les commissaires français stipuleraient, dans l'intérêt de la ville, toutes les clauses qu'il leur serait possible d'obtenir. Mais les commissaires des Alliés excipèrent de leur défaut de pouvoir ou d'instruction, et offrirent seulement de servir de sauve-garde jusqu'auprès des Souverains, à la députation de la ville de Paris.

<small>Ils sollicitent le duc de Raguse de stipuler dans l'intérêt de Paris.</small>

<small>Capitulation de Paris.</small>

La capitulation fut enfin signée à deux heures du matin, par les colonels Fabvier et Denis, au nom des Maréchaux, et par les comtes Orlow et de Paer, au nom des Alliés.

Les articles 1, 2, 3, 4 et 7 réglèrent en ces termes les intérêts militaires : « Les corps des » maréchaux ducs de Trévise et de Raguse éva- » cueront la ville de Paris; le 31 (19) mars, à

» sept heures du matin ; ils emmèneront avec eux
» l'attirail de leur corps d'armée ; les hostilités
» ne pourront commencer que deux heures
» après, c'est-à-dire, le 31 (19) mars, à neuf
» heures du matin ; tous les arsenaux, ateliers,
» établissemens et magasins militaires seront
» laissés dans l'état où ils se trouvaient avant
» qu'il fût question de la présente capitulation ;
» les blessés et maraudeurs restés après neuf
» heures à Paris seront prisonniers de guerre. »

Les articles 5, 6, et 8 réglèrent moins qu'ils ne laissaient à régler les intérêts civils. Ils étaient ainsi conçus : « La garde nationale ou urbaine
» est totalement séparée des troupes de ligne ;
» elle sera conservée, désarmée ou licenciée,
» selon les dispositions des Puissances Alliées ;
» le corps de la gendarmerie municipale par-
» tagera entièrement le sort de la garde na-
» tionale ; la ville de Paris est recommandée à
» la générosité des Hautes-Puissances alliées. »

Les intérêts civils n'y sont pas réglés.

Dans cet état d'incertitude sur le sort de la capitale, les deux préfets, sans instruction du Gouvernement, ne pouvaient prendre conseil que d'eux-mêmes. Ils résolurent de se rendre au quartier-général de Bondy, avec une députation du conseil municipal, le chef d'état-major et deux officiers supérieurs de la garde nationale : la situation de Paris et les mesures prises pour le reste de la nuit les rassuraient sur le maintien

33 *

Députat. des Préfets et du Corps municipal aux Souverains alliés.

de l'ordre en leur absence. Ils partirent avec les commissaires des Alliés, dans ces voitures de luxe réservées au conseil municipal et destinées à augmenter la pompe des cérémonies publiques, dans les jours de gloire et de puissance. Le cortége traversa en silence les ruines des Maisonnettes et de Pantin, et les deux lignes de bivouacs qui, de la barrière jusqu'à Bondy, bordaient la route et s'étendaient dans la plaine ou sur les hauteurs. Les feux des bivouacs éclairaient cette file de voitures blanchâtres dont le vernis et la dorure attiraient l'attention des soldats. Le nombre de ceux-ci donnant une idée des masses que notre armée avait eu à combattre, un député s'indignait de l'inégalité d'une telle lutte : d'autres y trouvaient pour elle un sujet d'éloges. Mais l'objet même de la députation préoccupait surtout les esprits : quel revers de fortune! C'était ainsi que les magistrats de tant de capitales avaient été naguères intercéder pour elles les chefs de nos armées triomphantes !...

Le cortége arriva entre trois et quatre heures du matin, au quartier-général des Souverains Alliés : tout y dormait du sommeil des vainqueurs. Le comte de Nesselrode ne se fit pourtant point attendre. Les préfets annoncèrent l'objet de leur députation, et demandèrent une audience de l'Empereur que le Ministre leur donna l'espoir

CHAPITRE XXVIII. 517

d'obtenir à son lever. Le chef d'état - major de la garde nationale représenta que chargée maintenant de la garde de Paris, elle en occupait seule toutes les barrières; qu'en la séparant des troupes de ligne, la capitulation n'avait pu la priver des droits qu'elle tenait des lois mêmes aux honneurs militaires; qu'il importait sous ce rapport, et quelle que fût la décision des Souverains à son égard, de statuer qu'elle remettrait les barrières, conformément aux règles et aux usages de la guerre. Les magistrats appuyèrent cette demande, et insistèrent sur la nécessité de prévenir tout sujet de mésintelligence dans ce premier contact de l'élite de la population avec les troupes alliées. Le comte de Nesselrode engagea le chef d'état-major à conférer de cet objet avec le prince de Schwarzenberg, et prit sur lui de suspendre la remise des barrières jusqu'à nouvel ordre du Généralissime. Un officier de l'état-major russe partit à cet effet avec l'adjudant-commandant comte Alexandre de la Borde. Le prince de Schwarzenberg acquiesça de suite à la demande du chef d'état-major; il ajouta même qu'en attendant la décision des Souverains, sur l'article 5 de la capitulation, la garde nationale pourrait conserver à l'intérieur et aux barrières tous les postes utiles à la tranquillité publique. Le prince Apraxim et l'adjudant-commandant Tourton al-

Suspension de la remise des barrières aux Alliés.

lèrent régler en conséquence la remise et le service des barrières, et porter à la ville de Paris ce premier gage de la modération des vainqueurs.

Ces mesures préliminaires venaient à peine d'être arrêtées, que le quartier-général de l'empereur Alexandre se remplit de ses grands-officiers et des principaux chefs de l'armée alliée. Ils firent l'éloge de la conduite de l'armée française dans la bataille de la veille. Le prince Constantin étendit cet éloge à toute la campagne, et ce fut avec un mouvement d'enthousiasme qu'il traça le tableau de ces carrés de gardes nationales qui, sous le général Pacthod, soutinrent dans la plaine de Fère-Champenoise le choc de la cavalerie des deux grandes armées.

La députation est admise devant l'emper. de Russie.

Bientôt après la députation fut admise à l'audience de l'empereur Alexandre. Le monarque, comme s'il eût voulu l'encourager, prit d'abord la parole, et lui dit dans une allocution animée, mais pleine de bienveillance, qu'il n'était pas l'ennemi des Français, et n'avait en France qu'un seul ennemi, un homme qu'il avait admiré et long-temps aimé ; qui, dévoré d'ambition et plein de mauvaise foi, était venu l'attaquer au milieu de ses états, et l'avait obligé de chercher le gage de sa sûreté ultérieure dans la libération de l'Europe ; que son obstination l'avait forcé de le poursuivre et de le combattre au cœur même de la France ; mais qu'il n'y faisait la

CHAPITRE XXVIII.

guerre qu'à cet homme, d'autant mieux désigné qu'il ne le nommait pas. Puis, par allusion à la proclamation du prince de Schwarzenberg, il ajouta : que ses sentimens et ceux de ses Alliés déjà connus en France, le seraient bientôt dans Paris même ; que leurs intentions étaient de régler avec ses magistrats et les plus notables habitans, tout ce qui serait utile à la Capitale ; qu'ils ne voulaient ni conquérir ni dominer la France, mais apprendre et appuyer ce qu'elle-même jugerait le plus utile à son bonheur, et n'attendaient pour s'en occuper, que de connaître dans le vœu de Paris, centre de l'opinion, le vœu probable de toute la France.

Les préfets non préparés à cette ouverture sur un sujet qui d'ailleurs excédait leurs pouvoirs, remercièrent l'Empereur de ses sentimens envers la France, et de ses dispositions en faveur de la Capitale, et leurs demandes se renfermèrent dans ce qui intéressait Paris. L'Empereur promit avec grace la conservation des musées, des monumens, des établissemens publics, de toutes les institutions civiles. Les magistrats insistaient sur le maintien de la garde nationale selon ses lois et règlemens particuliers, comme sur l'institution la plus propre à maintenir l'ordre, dans ce mélange des soldats de toute l'Europe avec une population étrangère à leurs mœurs et à leurs idiomes, vive, irritable, incapable de

La Garde nationale est conservée.

souffrir l'outrage et de calculer les suites de la résistance. L'Empereur se tournant alors vers le chef d'état-major, lui demanda s'il pouvait compter sur la garde nationale. Ce dernier répartit qu'il devait compter sur elle dans tout ce que pouvaient faire des gens d'honneur. L'Empereur répliqua qu'il ne désirait rien de plus, et ne voulait aucune autre garantie. Il renvoya pour tout le reste au général Sacken, nommé gouverneur de Paris, dont il loua les belles qualités, assurant que la capitale reconnaîtrait en lui le dépositaire sage et bienveillant d'une autorité toute protectrice.

<small>Retour de la députation à Paris.</small> La députation se hâta de porter à Paris ces assurances consolantes. D'autres soins y appelaient d'ailleurs les préfets et le chef d'état-major. L'armée devait traverser Paris, bivouaquer dans son enceinte, ou cantonner dans ses environs: il fallait pourvoir à sa subsistance et maintenir l'ordre pendant son passage. Le cortége traversa une seconde fois le champ de bataille. Les bivouacs étaient éteints ou fumans; le soleil brillait d'un vif éclat; sur cette terre si généreusement arrosée de sang français, et couverte de cadavres, les vainqueurs se formaient en colonnes au bruit d'une musique guerrière portant tous à leurs bonnets une branche de verdure, et au bras cette écharpe blanche prise à la Rothière pour se reconnaître dans la mêlée. Les

magistrats étonnés de leur voir cet ancien signe du ralliement des Français, n'apprirent pas sans surprise que c'était un signe de reconnaissance analogue à celui des Camisades. La députation trouva Paris tranquille : les barrières avaient été remises avec ordre et dans les règles. Une assez éloignée, celle de Neuilly, fut l'unique où la fidélité du chef de poste et du commandant des Alliés à leurs ordres primitifs, devint le sujet d'une altercation, heureusement terminée par l'arrivée des commissaires.

Dans l'intérieur, la garde nationale continuait ses patrouilles. La population affluait aux barrières, dans les rues, sur les boulevards assignés pour le passage des Souverains et de leurs troupes, et paraissait attendre avec un mélange de résignation et de curiosité, le triste et nouveau spectacle qui lui était réservé. *Agitation des partis dans Paris.*

Tandis que les intérêts de la capitale se réglaient à Bondy, ceux de la France étaient secrètement agités dans Paris. Nul n'y voyait de terme à la guerre, ni au pouvoir absolu, tant que Napoléon resterait sur le trône, et les partis méditaient un changement dans la direction des affaires. Celui des mécontens songeait à transférer la couronne au Roi de Rome, en donnant la régence à l'Impératrice. Le second parti ne voyait de salut ni de repos que dans le rappel de l'ancienne maison des Bourbons.

Le départ de l'Impératrice et de son fils, la

translation du Gouvernement à Blois, et l'éloignement de l'armée, laissaient le parti de la régence sans organes et sans appui. Il ne restait à Paris personne qui eût titre ou qualité pour plaider sa cause; de plus, l'empereur d'Autriche se trouvait à Dijon, et le prince de Schwarzenberg semblait annoncer dans sa proclamation que ses instructions étaient subordonnées au vœu des Parisiens; en sorte que tout concourut à écarter les propositions en sa faveur.

Le parti de la restauration favorisé en secret par le prince de Bénévent, acquit tout-à-coup en lui un chef qui conservait d'anciennes relations près des Souverains, et pouvait, comme grand dignitaire, agir sur le sénat et sur les restes du corps législatif. Son influence immédiate ou indirecte n'était pas moins marquée sur les autorités civiles de Paris, et particulièrement sur le Conseil municipal. Il ne restait, pour mettre ces ressorts en action, qu'à obtenir quelque expression de ce vœu public indiqué par les Souverains comme règle de leurs décisions.

Division du parti royaliste Un but commun réunissait les partisans de la restauration : tous voulaient le retour du Roi; ceux-ci, parce que depuis vingt-cinq ans leur cause était liée à la sienne; ceux-là, parce que la famille des Bourbons pouvait seule éloigner du trône tout ambitieux, et ôter sans retour à Napoléon une couronne que la régence ne l'empêcherait pas de reprendre sur la tête de son fils. Mais, d'accord sur la dynastie, ils différaient sur la forme du Gouvernement. Les uns réclamaient une constitution analogue à celle de l'Angleterre, et des garanties, soit en faveur des intérêts créés par la révolution, soit contre les abus qui l'avaient produite. Les autres voulaient qu'avec le trône on relevât de ses ruines tout l'édifice de l'antique monarchie. Des publicistes qui, sous le Gouvernement impérial, avaient réduit en corps de doctrine la pratique du pouvoir absolu, demandaient une monarchie illimitée. Un grand nombre de familles, dépouillées par la révolution, revendiquaient, sinon leurs priviléges, du moins leurs honneurs et leur fortune, comme une conséquence du rétablissement de la famille royale; mais la divergence d'opinions ne pouvait éclater qu'après le succès. Il s'agissait de l'obtenir, et pour l'action, les partisans de la restauration se divisaient en deux classes : ceux qui formaient froidement des combinaisons politiques, et ceux que de grands intérêts, un long abaissement, une brillante perspective, le sexe, l'âge ou le caractère rendaient susceptibles d'enthousiasme et d'exaltation. Pour obtenir de ces derniers une manifestation publique de leurs sentimens, il suffisait de ne pas y mettre d'obstacles.

Vers les 11 heures du matin, une cinquantaine de jeunes gens prirent la cocarde blanche, sor- *Les royalistes donnent le signal de la révolution.*

tirent avec de petits drapeaux, se réunirent sur la place de la Concorde, et se portèrent vers le boulevard de la Madelaine en criant: *vive le Roi! vive Louis XVIII! vivent les Bourbons!* Les croisées des boulevards se garnirent à l'instant de femmes qui agitaient des mouchoirs blancs, et jetaient aux passans des cocardes blanches. Cette espèce de mouvement se propagea sur le boulevard des Italiens, où quelques-uns la prirent avec l'expression de l'enthousiasme et du délire. La masse de la population étonnée de ces transports auxquels elle n'était pas préparée, semblait animée de sentimens opposés, quand son attention fut détournée tout-à-coup par un spectacle imposant.

Entrée des Alliés à Paris. Les Alliés entraient à Paris. L'empereur Alexandre, le roi de Prusse, le prince de Schwarzenberg, les généraux, les commissaires anglais, suivis d'un nombreux état-major, marchaient à la tête d'une longue colonne d'infanterie, de cavalerie et d'artillerie, qui se développait sur les sinuosités des boulevards, et se dirigeait vers les Champs-Elysées. Lorsque le groupe des Souverains parcourut les boulevards des Italiens et de la Madelaine, les mouchoirs s'agitèrent aux croisées : par-tout où ils voltigeaient, partaient des cris de *vivent les Bourbons! vivent les Souverains! vivent nos Libérateurs!* Ces cris étaient répétés dans les contre-allées

CHAPITRE XXVIII.

par tous ceux qui avaient arboré la cocarde blanche. Les spectateurs remarquaient avec surprise l'accord de ce nouveau signe avec l'écharpe des troupes alliées; et cet accord fortuit contenait tous ceux dont cet emblême heurtait l'opinion.

Ce même accord ajoutait à l'énergie des royalistes dans la manifestation de leurs vœux. De nouveaux groupes se formèrent, et des jeunes gens s'indignant de la lenteur que la foule mettait à suivre leur exemple, voulurent contraindre quelques citoyens à quitter la cocarde tricolore. D'autres s'arrêtèrent sur la place Vendôme, devant la colonne triomphale, et se mirent à crier : *à bas le tyran! à bas l'usurpateur !* Les plus violens, montés au sommet de la colonne, essayaient d'en arracher la statue de Napoléon, ou la frappaient au visage.

Mais la proclamation du prince de Schwarzenberg qui venait d'être publiée comme le discours de l'empereur Alexandre dont les députés de Paris avaient répandu la substance, n'exprimaient au nom des Souverains que le désir de connaître le vœu public, et semblaient autoriser les opinions diverses à se déclarer. L'emportement des uns provoquait la résistance des autres: les partis étaient en présence ; ils commençaient à se prononcer jusques dans la garde nationale, et le vœu public allait peut-être se manifester par des scènes de discorde et de violence.

Ordres donnés par l'état-major de la Garde nationale, pour le maintien de la tranquillité.

Déjà de plusieurs points, on demandait des ordres à l'état-major de la garde nationale. Le chef d'état-major donna celui de respecter, quel que fût le signe pris ou conservé, toute manifestation libre et paisible de sentimens particuliers, et d'arrêter quiconque voudrait forcer les autres à prendre un signe contraire à son opinion. Il ajouta, comme instruction, qu'il fallait se ressouvenir que Paris était au pouvoir des Souverains; que le vœu public devant être subordonné à leurs vues politiques et peut-être aux événemens, il importait sur-tout de ne pas leur donner dans le spectacle de nos divisions, le motif ou le prétexte d'aggraver les charges et l'humiliation d'un joug étranger. Cette consigne conserva dans le maintien de l'ordre, l'unité de but et d'action, la garde nationale; et les deux cocardes mutuellement tolérées ne furent plus que les simples emblêmes des opinions personnelles.

Cependant les Souverains semblaient être uniquement occupés à faire défiler leurs troupes aux Champs-Elysées, et il était près de 5 heures, lorsque les derniers pelotons passèrent sous leurs yeux. Ils s'acheminèrent alors vers l'hôtel du prince de Bénévent, où l'empereur Alexandre avait pris son quartier-général et où le comte de Nesselrode l'attendait. Le Monarque s'y rendit à pied, au milieu d'une foule immense. Les royalistes mêlés à ce tourbillon cherchèrent à le frapper de la vive expression de leurs vœux. Quelques-uns même pénétrant jusqu'à lui (1) ou jusqu'à ses ministres, demandèrent avec instance qu'il proclamât le retour des Bourbons; mais le silence ou une réponse évasive annonçaient clairement que si la politique avait pris une résolution conforme à leur désir, l'instant de la publier n'était pas encore arrivé.

La question n'était décidée en effet, ni dans la forme ni au fond. Ce fut l'objet d'un conseil que les Souverains tinrent immédiatement avec le prince de Schwarzenberg, porteur des instructions de l'empereur d'Autriche; le comte de Nesselrode, le général Pozzo-di-Borgo et le prince de Liechtenstein, firent partie de ce conseil auquel le prince de Bénévent et le duc Dalberg assistèrent. D'autres personnes (2) introduites dans le cours de la conférence, furent consultées sur l'état de la France et la situation des esprits.

Dans cette conférence, les Souverains exprimè-

Conseil tenu à l'hôtel du prince de Bénévent.

---

(1) Le comte Sosthène de La Rochefoucauld demanda à l'Empereur de rendre ses princes à la France. Il en fut écouté avec bonté; mais il n'en obtint pas la réponse qu'il désirait.
Récit historique de la restauration de la royauté en France, le 31 mars 1814, par M. de Pradt, pag. 61.

(2) Le baron Louis, l'archevêque de Malines.
De Pradt, pag. 68.

rent les mêmes sentimens envers la France, le même désir de connaître son vœu, que l'empereur Alexandre avait manifesté le matin à la députa-
tion de Paris. La paix avec Napoléon, la Régence, le retour des Bourbons y furent agités tour-à-tour. La discussion persuada les Monarques et les plénipotentiaires de l'Autriche, que la paix et la stabilité en Europe serait impossible tant que Napoléon resterait Empereur ou Régent sous le nom de l'Impératrice; qu'il fallait rappeler les Bourbons avec une constitution qui garantît tous les intérêts; qu'à cette condition, le Sénat, le Corps législatif, le Conseil municipal étaient prêts à se déclarer; que leur vœu entraînerait celui du peuple et de l'armée; mais que cette déclaration devant les lier sans retour, exigeait avant tout, que les Monarques alliés s'engageassent à ne plus traiter avec Napoléon, ni avec sa famille, et à laisser la France libre de choisir son Gouvernement.

{Points agités dans le conseil.}

Les Souverains et le prince de Schwarzenberg, au nom de l'Empereur d'Autriche, acquiescèrent à cette demande. Une proclamation fut rédigée, telle qu'elle parut nécessaire pour déterminer et justifier les actes des autorités législative et municipale; elle fut signée par l'Empereur Alexandre, au nom de ses Alliés, et contre-signée par le comte de Nesselrode, secrétaire d'état.

Dans cette pièce remarquable les Souverains

annoncent qu'*ils accueillent le vœu de la France.*

<small>Déclaration faite par l'Emper^r de Russie au nom des Alliés.</small>

Ils déclarent : « que si les conditions de la paix
» devaient renfermer les plus fortes garanties,
» lorsqu'il s'agissait d'enchaîner l'ambition de
» Bonaparte, elles doivent être plus favorables,
» lorsque, *par un retour vers un gouvernement*
» *sage*, la France elle-même donnera l'assurance
» de ce repos. »

Ils proclament en conséquence : « qu'ils ne
» traiteront plus avec Napoléon Bonaparte ni
» *avec aucun de sa famille*; qu'ils respectent l'in-
» tégrité de *l'ancienne France*, telle qu'elle a
» existé *sous ses rois légitimes*; qu'ils peuvent
» même faire plus, parce qu'ils professent tou-
» jours le principe que, *pour le bonheur de*
» *l'Europe, il faut que la France soit grande et*
» *forte;* qu'ils reconnaîtront et *garantiront la*
» *constitution que la Nation française se don-*
» *nera.* »

Ils invitent à cet effet « le Sénat à désigner
» *un Gouvernement provisoire* qui puisse pour-
» voir aux besoins de l'administration, et pré-
» parer la *Constitution qui conviendra au Peuple*
» *français.* »

Cette proclamation fut à l'instant imprimée, publiée, répandue dans Paris; et toutes les mesures furent prises pour l'exécution des dispositions qu'elle indiquait.

La chose était consommée quand le duc de Vicence arriva près de l'empereur Alexandre avec de nouvelles propositions de Napoléon. Le Ministre plaida en vain, non-seulement la cause de son maître, mais celle même de l'Impératrice et de son fils : il n'était plus temps, et il partit le lendemain assez tard pour être témoin de ces grands événemens, et en rendre compte à l'Empereur.

Mission du duc de Vicence, qui échoue

La journée du 1er avril ajouta l'embarras des plaisirs à celui des affaires. Tandis que le prince de Bénévent, en sa qualité de Vice-grand-électeur, convoquait le Sénat, et que le préfet de la Seine assemblait le Conseil municipal, celui de police recevait à-la-fois l'invitation de faire rouvrir les spectacles, l'avis que les Souverains iraient à l'Opéra, et l'ordre de licenciement de la gendarmerie municipale, présentée comme dangereuse au Généralissime, à cause de son attachement à Napoléon.

Ordre de licenciement de la gendarmerie municipale

Ce corps, le seul qui eût l'habitude de la police du spectacle, était nécessaire surtout à celle de l'Opéra, à cause de l'affluence des voitures, des cavaliers, des gens de pied qu'occasionnerait la présence des Souverains. Le défaut d'usage et la diversité des langues écartait l'idée de confier ce service aux troupes étrangères; d'un autre côté la garde nationale convenait peu, et eût répugné à un service que ni son institution, ni sa composi-

CHAPITRE XXVIII.

tion ne permettaient d'exiger d'elle. La gendarmerie offrait seule avec une longue expérience, l'esprit de patience et de fermeté que demandait, surtout dans les circonstances actuelles, une police où il faut lutter, pour le maintien de l'ordre, avec l'empressement du public, avec l'impatience et quelquefois l'amour-propre de personnages du premier rang.

Le Préfet de police se hâta d'écrire au prince de Schwarzenberg, pour lui demander la faculté de conserver du moins dans les gendarmes, les pères de famille et ceux dont l'âge, le caractère et la conduite attestaient la sagesse. Le chef d'état-major de la garde parisienne, informé de cet incident, se rendit chez le Généralissime, insista sur la conservation du corps entier, en répondit et acheva de démontrer son utilité, non-seulement pour assurer la police du spectacle, mais encore seconder en beaucoup de cas la garde nationale qui n'avait point de cavalerie. Il ne dissimula pas que, parmi les gendarmes, beaucoup d'anciens militaires pouvaient être attachés à Napoléon, puisqu'ils tenaient de lui cette honorable retraite; toutefois il affirma que ce sentiment ne les empêcherait pas de se conduire conformément à l'intérêt de la capitale qui les soldait, et de leurs familles que la perte de leur état jetterait dans la misère. Les adjudans-commandans Tourton et Alexandre de la Borde qui

34*

l'accompagnaient, particulièrement connus du Prince, achevèrent de le persuader, par l'effet même de leur conviction profonde et personnelle, et le feld-maréchal consentit à la conservation de la gendarmerie, à condition néanmoins que le commandement en serait réuni à celui de la garde nationale.

<small>Révocation de l'ordre de licenciement de la gendarmerie.</small>

L'effet répondit aux promesses; à l'Opéra, dans tous les lieux publics, la tranquillité fut assurée au milieu de tous les élémens du désordre : pendant le reste de l'occupation, la gendarmerie seconda constamment la garde nationale et mérita les mêmes éloges.

Les rapports de service de la garde nationale et des troupes alliées furent aussi réglés dans la matinée du 1er avril. Dans tous les points de contact, la garde nationale conserva le rang que lui assuraient les lois et les règlemens, à l'égard des troupes de ligne.

Il avait été convenu à Bondy que les Alliés donneraient des sous-officiers pour accompagner les chefs de patrouille de la garde nationale. Le chef de bataillon Ternaux, chargé par le chevalier Allent de traiter ce point avec l'état-major des Alliés, fit adopter l'heureuse idée des patrouilles combinées où un officier de la garde nationale commandait un sous-officier et quelques grenadiers ou chasseurs de la garde nationale, un sous-officier et plusieurs soldats des troupes alliées. Ces

<small>Patrouilles mixtes.</small>

patrouilles arrêtaient sans distinction tous les perturbateurs de l'ordre, et conduisaient les étrangers à leur état-major, les Français à celui de la garde nationale. Cet expédient prévint les difficultés qui eussent pu naître de la diversité des individus, et du conflit d'autorités; les patrouilles mixtes arrêtèrent le désordre des cosaques dans les quartiers peu habités et voisins des barrières; dans ceux du centre, ils arrachèrent plusieurs fois aux mains du peuple, des militaires étrangers accablés par le nombre en des querelles où souvent les torts étaient réciproques et le sujet de peu d'importance, mais dont les suites pouvaient devenir graves (1).

D'autres mesures achevèrent d'assurer le service. Les postes auxquels chaque légion fournissait tour-à-tour, furent partagés et confiés chacun à celle sur le territoire de laquelle il se trouvait. Par cette disposition les citoyens se déplacèrent peu de leurs arrondissemens, et restèrent à portée de protéger leurs maisons et leurs familles. Les chefs de légions vinrent

Organisation du service journalier de la Garde nationale.

---

(1) Une de ces patrouilles amena un jour au chef d'état-major un cosaque volé par un escroc, qui après l'avoir dépouillé lui enleva son cheval et ses armes. Le voleur et les dépouilles avaient été ramassés par la patrouille, et suivaient le plaignant. Ce fut il est vrai une exception, et l'on ne vit guères de Cosaques détroussés.

eux-mêmes à l'ordre que le chef d'état-major dictait, toujours en donnant les explications demandées. L'ordre était suivi d'une conférence sur les événemens du jour, dans leurs rapports avec la tranquillité publique. Ces mesures furent autant que possible étendues aux faubourgs extérieurs; et la garde nationale de Belleville, soutenue par celle de Paris, rétablit le calme dans cette commune et diminua pour ses habitans les maux de l'occupation.

Délibération du Conseil municip., qui rappelle les Bourbons.

Pendant que la garde nationale fidèle à l'esprit de son institution, étrangère à la politique, se bornait à assurer la tranquillité publique et la manifestation paisible des opinions, le Conseil municipal émettait son vœu sur la grande question soumise par les Souverains à la France. Les Membres dissidens ou incertains s'étaient tus ou retirés, et le Conseil à l'unanimité de ceux présens, adopta une déclaration rendue bientôt publique. Dans cette pièce, le Conseil municipal après avoir justifié sa détermination par l'esquisse vive et rapide des abus que Napoléon avait faits de sa puissance, se dégageait de toute obéissance envers lui, et votait sans réserve le rappel des Bourbons. Mais ce n'était encore que la délibération isolée d'une autorité locale, et le Sénat s'assemblait pour des actes plus décisifs. Dès le 28, un certain nombre de Sénateurs ayant fait pressentir au Conseil de Régence la nécessité de le réunir pour délibérer sur l'état critique des affaires, leur proposition fut rejetée; afin d'ôter même tout caractère légal à ces assemblées, l'on enjoignit au président et aux divers officiers de se rendre à Blois avec l'Impératrice. Toutefois des réunions avaient eu lieu le 29 chez un sénateur, et le 30 au palais même du Luxembourg; et si ces conférences n'aboutirent à aucune résolution, la disposition d'esprit des Sénateurs s'y manifesta assez ouvertement pour fournir d'utiles indices sur la part qu'ils prendraient aux projets dont quelques-uns avaient la confidence. La proclamation du 31 mars déléguait au Sénat tel qu'il restait, le droit dévolu aux Souverains de former un Gouvernement provisoire pour l'administration des pays occupés par leurs armées. Cette proclamation l'appelait aussi à faire une révolution, ce qui était moins naturel et moins conforme à son titre de conservateur. Mais Napoléon avait donné lui-même l'exemple de renverser les Constitutions de la France et de l'Europe; d'ailleurs une partie des Sénateurs était secrètement attachée à la maison de Bourbon, ou désirait depuis long-temps une Constitution semblable à celle dont on les appelait à jeter les bases; et ceux-ci composaient cette minorité libérale que l'Empereur n'avait jamais pu plier à ses volontés. Tant de motifs l'emportèrent sur la circonspec-

Assemblées illégales du Sénat.

tion caractéristique d'un corps auquel on avait reproché jusqu'alors d'être l'instrument trop docile du pouvoir absolu. Trente des Sénateurs restés à Paris assistèrent à la séance du 1er avril et en signèrent le procès-verbal. Elle s'ouvrit à trois heures et demie, sous la présidence du prince de Bénévent, qui, dans un discours simple et concis, s'attacha d'abord à donner à cette corporation le sentiment de sa propre liberté. Il l'invita ensuite à s'occuper du salut de l'Etat, à venir au secours d'un peuple délaissé, et à rétablir, dans la formation d'un Gouvernement, l'action nécessaire de l'administration publique.

Sénatus-consulte qui institue un gouvernem. provisoire. Un sénatus-consulte délibéré dans la même séance, institue un Gouvernement provisoire de cinq membres, chargé de *pourvoir aux besoins de l'administration, et de présenter au Sénat un projet de Constitution qui puisse convenir au Peuple français*. On procède ensuite, par la voie du scrutin, au choix des membres qui doivent le composer : le prince de Bénévent, les Sénateurs comtes Beurnonville et de Jaucourt, le duc de Dalberg, conseiller d'Etat, et l'abbé de Montesquiou, ancien membre de l'Assemblée constituante, sont élus, proclamés, et prennent à l'instant même le timon de l'Etat.

Le 2 avril, le comte de Nesselrode invita l'état-major de la garde nationale à se rendre au quartier-général de l'empereur Alexandre. Les adjudans-commandans de service y furent, et vinrent annoncer au commandant en chef que ce monarque, par l'organe de son ministre, exprimait le désir de voir arborer la cocarde blanche à la garde nationale. Le duc de Montmorency n'y voyant pas d'inconvéniens, l'eût prise volontiers; mais le chef d'état-major l'invita à différer jusqu'à l'heure du rapport, et de consulter les chefs de légion sur la disposition d'esprit où ils les auraient laissées. Six déclarèrent qu'à peu d'exceptions près, leurs légions prendraient la cocarde blanche; les six autres affirmèrent, au contraire, que les leurs n'y consentiraient pas. Ces explications achevèrent de constater l'état de dissentiment où se trouvaient encore sur ce point les légions, les bataillons, les compagnies, suivant les quartiers, la classe, la profession, les habitudes et l'âge même des gardes nationaux.

<small>Proposition de prendre la cocarde blanche rejetée.</small>

Le chef d'état-major prit alors la parole, et dit, que ni le caractère ni les dernières mesures de Napoléon, ne donnant lieu de présumer qu'il se décidât à réunir ses ressources sur un théâtre favorable à la guerre de chicane, il hâterait lui-même, selon toute apparence, par ses hésitations, le dénouement de la crise; qu'il était dès-lors peu à craindre que les chances de la guerre amenassent un de ces événemens qui justifient dans les Souverains, les variations de la politique; que les négociations engageant déjà les Alliés, et sur leur foi, les autorités publiques et une partie de la Capitale, la marche naturelle des affaires entraînerait bientôt la garde nationale dans le mouvement général. Il fit voir qu'autant un acte libre et unanime de cette élite de la population serait décisif en faveur des Bourbons, autant on nuirait à leur cause en déterminant dans ce corps des résistances ou des divisions, qu'on ne pourrait vaincre qu'avec l'intervention de l'étranger; il insista sur l'inconvénient de détruire par une mesure prématurée l'unité d'esprit et d'action que la garde nationale devait à l'objet simple, et non contesté, qu'elle avait à remplir pour le maintien de l'ordre public. Il laissa entrevoir combien la situation déjà critique de la Capitale serait aggravée, si elle cessait de pouvoir se protéger elle-même, et conclut de ces considérations qu'il importait à l'Etat et à la ville de Paris qu'elle ne prît la cocarde blanche qu'au moment où toutes les légions y seraient préparées, et qu'alors même elle ne l'arborât que sur un ordre de l'autorité civile, afin d'écarter toute idée d'intervention d'une force armée dans les actes politiques.

Cet avis fut adopté à l'unanimité; cependant un des adjudans-commandans exprima la crainte que cette détermination, après l'ouverture du comte de Nesselrode, ne blessât l'empereur Alexandre. Le chef d'état-major répartit qu'on devait croire à la parole des Souverains; qu'ayant demandé un vœu libre, en supposant même, contre les faits, qu'ils voulussent abuser de la victoire, ils pouvaient tout sur les biens, sur les personnes, rien sur les volontés.

La manière dont l'empereur de Russie reçut cette résolution prouva qu'en effet ce monarque voulait favoriser sans contrainte le mouvement des esprits. Le Gouvernement provisoire apprit bientôt du Chef qu'il donna à la garde nationale, qu'elle avait pris une détermination sage et nécessaire.

Ce nouveau chef était le général Dessolles. L'arrêté du 2 avril qui lui conférait le commandement ne fut mis que le 4 à l'ordre de la garde nationale, mais il l'investissait de suite de l'autorité. Par le compte qu'il se fit rendre, il apprit la décision prise d'un commun accord entre les colonels des légions; il l'approuva, le fit adopter du Gouvernement, et déclara qu'il n'arborerait lui-même la cocarde blanche qu'avec toute la garde nationale. Ce fut un trait de sagesse et d'habileté dont on ne tarda pas à ressentir les heureux effets. {Le gén. Dessolles prend le commandement de la Garde parisienne.}

Le même arrêté conférait encore au général Dessolles le commandement militaire, aussi important que difficile, du département de la Seine. Les militaires blessés, prisonniers ou fatigués de la guerre, avaient été autorisés à rester à Paris. Des négociations ouvertes avec les généraux et les chefs de corps produisaient chaque jour des défections nouvelles. Une *adresse aux armées françaises*, adoptée le 2 avril par le Gouvernement provisoire, les dégageait de toute obéissance envers Napoléon, et leur annonçait qu'elles n'appartenaient plus à cet homme, mais à la patrie. Des officiers et des soldats isolés, ceux des cadres oubliés dans la première division, des militaires même des divisions stationnées sur la rivière d'Essonne, arrivaient d'heure en heure à Paris. La subsistance, le logement, et surtout la police de cette foule de gens débarrassés des liens ordinaires de la hiérarchie et de la discipline, exigeaient beaucoup de prudence et de sagacité dans l'exercice d'une autorité qui reposait moins sur la force que sur la persuasion.

Le général Dessolles convenait à ce commandement; car son nom était connu de l'armée. Chef d'état-major de Moreau, il avait justifié dans la campagne de 1800, les espérances qu'il donna dès 1799 en Valteline; ses commandemens en Espagne et dans le Hanovre prouvèrent qu'il n'était étranger ni à l'administration ni au Gouvernement. Placé plusieurs fois par Napoléon dans l'alternative de lui déplaire ou de l'humilier, il se montra moins jaloux de la faveur du Souverain que de sa propre dignité ; enfin il était gendre du général Dampierre, premier des généraux en chef morts sur le champ de bataille dans la guerre de la révolution. Tous ces titres lui donnaient droit à la confiance de ses frères d'armes et de ses concitoyens.

Le général Dessolles désigna pour le seconder dans le commandement militaire de Paris, le comte Ricard, que sa blessure y avait retenu, et dont l'esprit et l'activité promettaient une utile coopération. L'accession de ces deux officiers-généraux entraîna beaucoup de militaires, par les motifs qui les avaient eux-mêmes décidés, le désir d'arracher leur pays au double joug de Napoléon et de l'étranger, et d'abréger la dangereuse agonie d'une autorité expirante.

Le Gouvernement provisoire prit encore dans la journée du 2 avril, quelques mesures de moindre importance: telles que les arrêtés qui eurent pour but d'accélérer le retour du Pape dans ses Etats, et le renvoi du prince Don Carlos en Espagne. Mais ce qui l'occupa surtout, ce fut la préparation des actes qui devaient signaler la journée du lendemain.

Ce fut le 3 avril qu'il acheva de s'organiser, en désignant des commissaires pour tenir jusqu'à confirmation ou nomination des titulaires, les porte-feuilles des divers départemens ministériels. Il nomma le même jour directeur-général des postes le comte de Bourrienne, qui s'était saisi de cet emploi le 31 mars.

Acte de déchéance de Napoléon prononcé par le Sénat. Le Sénat adopta dans l'après-midi cet acte si connu, par lequel Napoléon fut dépouillé de la souveraineté qu'il lui avait donnée. Ce décret posait en principe que, dans une monarchie constitutionnelle, la Constitution obligeait le Prince comme les sujets. Le préambule énumérait les points capitaux dans lesquels l'Empereur avait violé l'acte des Constitutions de l'Empire, du 28 floréal an XII; établissait ensuite qu'il était aboli par le fait, et que le vœu de la France appelait avec la paix, un nouvel ordre de choses ; puis enfin, il déclarait : « Napo-
» léon Bonaparte *déchu* du trône; le *droit d'hé-*
» *rédité* aboli dans sa famille, *le Peuple fran-*
» *çais et l'Armée déliés*, envers lui, *du serment*
» *de fidélité.* »

Ce décret fut signé par les Sénateurs présens, et successivement de tous les membres du Sénat. On le proclama solennellement dans les rues de Paris. Des milliers d'exemplaires en furent envoyés dans les départemens, aux armées et aux Alliés.

Les motifs et les conséquences de ce sénatus-consulte furent développés par le Gouvernement provisoire dans une adresse au peuple français.

Le vice-président, trois secrétaires et les membres présens du Corps législatif se réunirent aussi le 3 avril, et donnèrent leur adhésion au décret de déchéance, par un acte qui fut revêtu au bout de quelques jours d'environ 80 signatures, où le Corps législatif, après avoir établi que « *Napo-* » *léon Bonaparte a violé l'acte constitutionnel,* » *reconnaît et déclare la déchéance de* Napoléon » Bonaparte et de sa famille. »

Adhésion du Corps législat. à l'acte de déchéance.

Ce décret et cet acte furent à l'instant même un sujet de controverse. On soutenait d'une part, qu'émanés d'une partie seulement du Sénat et du Corps législatif, dont la convocation ni la délibération n'étaient conformes aux Constitutions de l'Empire, ils n'avaient pu abolir ces dernières adoptées par le Peuple français; on contestait de l'autre, la liberté et l'authenticité de ces acceptations, surtout pour le sénatus-consulte du 28 floréal an XII, qui changea la Constitution de l'an VIII; mais on ne manqua pas d'exemples pour soutenir que l'irrégularité des actes du Sénat et du Corps législatif, se justifiait par le but et la nécessité. Ainsi, quoique la question de droit fût claire, ils engagèrent par le fait un grand nombre d'hommes qui tenaient un rang élevé dans la société par leur naissance, leur fortune, ou bien encore par leur mérite personnel, de grands services à la guerre, dans l'administration ou dans les sciences. Ils avaient tous une famille, des amis, une clientelle, et leur exemple entraîna l'opinion de beaucoup de personnes incertaines.

Mesures régulatrices de la résolution prise par le Gouvern. provisoire.

Les actes du Sénat et du Corps législatif allaient ajouter encore à la violence des efforts qui, depuis plusieurs jours, se dirigeaient contre Napoléon et son Gouvernement. Des pamphlets, criés dans les rues ou affichés sur les murs, les attaquaient l'un et l'autre, avec des exagérations et une fureur plus nuisible qu'utile. Des groupes amassés au pied des monumens, encourageaient ceux qui s'efforçaient d'en faire disparaître ses images ou les signes de son pouvoir. Leurs efforts imprudens en avaient dégradé quelques-uns, causé des accidens, ou produit des scènes absurdes : on dressait des machines pour tenter, pendant plusieurs jours et sans succès ce qu'eût fait en quelques heures le ciseau du sculpteur ou la lime du serrurier; sur la place Vendôme, par exemple, on avait attelé des chevaux à un câble pour rompre le goujon en fer qui fixait la statue de Napoléon dans la colonne. Le Gouvernement sentit qu'il valait mieux faire avec ordre ce qui était la conséquence de la révolution, et interdire ce qui pouvait y mêler de la violence et du ridicule. Il prescrivit en conséquence, le 4 avril, par un arrêté, la suppression de tous les signes caractéristiques du Gouvernement impérial, et chargea les autorités de ce soin, sans que le zèle des particuliers pût s'en mêler ou les prévenir. Il défendit, dans les écrits, « toute expression outrageante contre le » Gouvernement renversé ; la cause de la patrie » étant trop noble pour adopter aucun des » moyens odieux dont il s'est servi. »

Poursuivant néanmoins le cours de ses mesures contre Napoléon, et afin de lui ôter les moyens de continuer la guerre, il proclama le même jour un arrêté tendant à lui opposer, dans ses propres hostilités l'intérêt même des familles, en libérant ou licenciant *les conscrits* non appelés ou non incorporés, les *bataillons de nouvelle levée* et toutes *les levées en masse*. Licenciement des conscrits et des nouvelles levées.

Tout concourait au dénouement de ce drame politique, lorsqu'un incident vint suspendre la marche de l'action, et remettre en question le dénouement même, ce fut l'arrivée du prince de la Moskowa et des ducs de Tarente et de Vicence ; les propositions qu'ils apportaient, au nom de Napoléon, les considérations qu'ils présentèrent à l'appui, et l'incertitude où elles jetèrent les Souverains.

Mais avant de décrire les scènes remarquables et décisives auxquelles cet incident donna lieu, il convient de reprendre le cours des événemens militaires dont nous avons suspendu la narration pour donner de suite la bataille et la révolution de Paris. Ce récit nous ramènera à l'époque que nous abandonnons, et jettera plus de lumière et d'intérêt sur la délibération politique où furent fixées sans retour les destinées de la France.

CHAPITRE XXIX.

Dernières opérations de la grande armée française. — Combat de Saint-Dizier. — Marche sur Fontainebleau. — L'Empereur quitte son armée, et se rend en poste à Paris. — Il rencontre à la Cour-de-France la tête de colonne des ducs de Trévise et de Raguse, et se décide à retourner à Fontainebleau. — L'armée prend position sur l'Essonne. — Communication du Généralissime au duc de Raguse. — Abdication conditionnelle de Napoléon. — Départ des Maréchaux chargés de la porter à Paris aux Souverains alliés.

(Consultez pour les marches, la carte des Ponts et Chaussées de l'Empire; et pour les positions, les feuilles de Cassini, n° 80, 111 et 7.)

On a laissé au chapitre XVIII l'empereur Napoléon en marche, le 24 mars, sur Joinville, avec sa garde et les 5ᵉ et 6ᵉ corps de cavalerie, tandis que le duc de Tarente avec les 7ᵉ et 11ᵉ corps d'infanterie le suivait à Saint-Dizier, et que les comtes Gérard et Saint-Germain formaient son arrière-garde à Perthes et Longchamps.

Le général Winzingerode qui avait ordre de le suivre avec ses dix mille chevaux, ne dépassa pas Maisons le 24; son avant-garde, sous le général Tettenborn, n'ayant pu atteindre que Thieblemont, cette marche ne fut nullement inquiétée.

Napoléon, persuadé que le succès de son entreprise dépendait de la rapidité des mouvemens et de l'inquiétude qu'ils causeraient au Généralissime, se remit en marche le 25 mars de grand matin. La cavalerie légère des généraux Piré et Jacquinot fut poussée sur les routes de Bar-sur-Aube et de Chaumont; la première entra dans cette ville, et s'établissant par-là sur la ligne de retraite des Alliés, fit beaucoup de butin, arrêta plusieurs agens diplomatiques, au nombre desquels se trouva, dit-on, le baron Vitrolles qui eut le bonheur d'échapper, à la faveur de son titre d'Inspecteur des fermes expérimentales. Les troupes de la garde occupèrent Brienne et Doulevent, le 11ᵉ corps vint prendre position à Vassy, couvert en arrière du défilé d'Humbécourt par le 7ᵉ qui garda les débouchés de la forêt.

Affaire d'arrière-garde à Hoiricourt. Dans ce mouvement, l'arrière-garde fut mitraillée vis-à-vis de Hoiricourt, par une batterie légère que le général Tettenborn amena sur la rive droite de la Marne, et la colonne qui suivait la route de Saint-Dizier à Vassy, resserrée en cet endroit, entre la rivière et sa berge, en fut ébranlée. Heureusement, le général Trelliard mit ses dragons à couvert derrière le village de Valcourt, et, dégageant le chemin, permit à l'infanterie du général Gérard de gagner la colline. On plaça à la hâte deux batteries sur le plateau, qui éteignirent bientôt le feu de l'ennemi, et une centaine de tirailleurs ayant passé la Marne au gué, continrent les siens. Le comte Gérard ayant ainsi arrêté les suites d'une surprise qui allait causer un désordre honteux, continua son chemin en bon ordre, observé jusqu'à Humbecourt par le baron Tettenborn, lequel, après avoir laissé quelques cosaques devant ce village, fut s'établir à Eclaron. Le gros de la cavalerie alliée s'avança jusqu'à Saint-Dizier, et la brigade Czernischew se porta de Vitry à Montiérender.

Le rapport qui parvint à l'Empereur de cette affaire d'arrière-garde, prolongea son erreur; il crut fermement que la grande armée était sur ses traces, et se félicita du parti qu'il avait pris.

Cependant au premier avis de la marche de l'armée française sur Chaumont, le parc général et les gros bagages des Alliés qui se trouvaient à Bar-sur-Aube, furent évacués en toute hâte sur Béfort. Il régnait dans cette opération un désordre qui semblait promettre d'heureux résultats, et déjà les coureurs du général Piré avaient enlevé plusieurs pièces de canon et beaucoup d'équipages, lorsque quelques inquiétudes sur les dangers de la Capitale, vinrent se mêler à la joie qu'inspiraient ces succès éphémères. Parmi les prisonniers ramenés au quartier impérial, plusieurs annoncèrent la jonction des deux armées ennemies et leur marche sur Paris. L'Empereur ne tint aucun compte de leurs rapports, et affecta une sécurité qui toutefois n'en imposa pas à ceux qui réfléchissaient sur les événemens.

Cependant, dans la matinée du 26, Napoléon informé par le duc de Tarente que l'arrière-garde n'avait vu absolument que de la cavalerie légère, et cette circonstance confirmant les déclarations des prisonniers, il se détermina à pousser lui-même une forte reconnaissance sur ses derrières. Les cosaques laissés devant Humbecourt furent rejetés sur Valcourt, où le général Tettenborn voulut se défendre, afin de donner à son général en chef le temps de rassembler ses forces; mais il fut culbuté et obligé de repasser la Marne.

L'Empereur, parvenu sur le plateau de Valcourt, distingua l'ennemi en bataille sur la rive opposée. Il occupait avec 2 bataillons de chasseurs la ville de Saint-Dizier à laquelle sa gauche était appuyée, sa droite s'étendait dans la direction de Vitry, protégée par quelque infanterie dans le bois de Perthes, et des essaims de tirailleurs à pied et à cheval, bordaient la Marne. Sa première ligne était en avant de la route, face à la rivière; sa seconde en arrière; l'artillerie entremêlée de quelques escadrons, placée sur la chaussée même qui en domine le cours.

Croyant alors apercevoir l'avant-garde de l'armée du prince de Schwarzenberg, Napoléon rappela les corps d'infanterie qui étaient près de Vassy, et ordonna aussitôt à la cavalerie de franchir la Marne au gué d'Hallignicourt. Le comte Sebastiani la passa en colonne par pelotons, et se déploya à droite et à gauche du gué, soutenu par les corps des comtes St.-Germain, Milhaud et Valmy, qui se formèrent sur ses flancs. L'infanterie de la garde, celle du comte Gérard et du duc de Tarente suivirent la cavalerie, mais le duc de Reggio se dirigea sur Saint-Dizier par la route de Joinville. *Combat de Saint-Dizier.*

Dès que l'armée française fut formée, la cavalerie en première ligne, l'infanterie en seconde, entre Hallignicourt et Hoiricourt, l'action s'engagea à gauche par échelons, le centre et la droite marchant en ligne.

Le baron Winzingerode s'apercevant qu'il avait toute l'armée française sur les bras, chercha à éviter le combat dans un terrain si peu propre aux manœuvres de sa cavalerie; mais craignant de perdre l'infanterie qui gardait Saint-Dizier, il ordonna au baron Tettenborn de couvrir la route de Vitry, pendant qu'avec le gros de ses forces, il gagnerait par cette ville la route de Bar-sur-Ornain.

Conformément à cette instruction, le général Tettenborn, à la tête des hussards d'Isumz, essaya plusieurs charges, qui furent repoussées avec perte, malgré le feu de l'infanterie postée dans le bois de Perthes. De son côté le baron Winzingerode s'étant ébranlé pour se rapprocher de Saint-Dizier, la cavalerie de la garde s'élance sur sa colonne, l'enfonce, et poursuit les fuyards jusqu'au bois de Trois-Fontaines.

Pendant que ceci se passait à la gauche, le duc de Reggio entrait au pas de charge dans Saint-Dizier, dont la garnison effrayée se repliait en toute hâte à Bar.

L'ennemi étant alors entièrement rompu et sans appui, la cavalerie française redouble d'audace et d'activité. Le général Milhaud charge avec impétuosité sur la route de Vitry, et s'empare de 6 pièces; le général Letort avec les dragons de la garde, enfonce et sabre un carré d'infanterie qui cherche à gagner le bois; à la droite, le comte de Valmy poursuit au grand trot les colonnes ennemies en fuite sur la chaussée de Bar, et l'infanterie, suivant au pas de course les cuirassiers et les dragons, abat sous ses baïonnettes ce qui échappe à leurs sabres.

Le duc de Reggio, à la tête de la cavalerie du comte de Valmy, conduisit battant le gros des Russes à 5 kilomètres au-delà de Saudrupt, où la nuit le força de prendre position. Le duc de Tarente donna la chasse au baron Tettenborn jusqu'à Perthes, et l'on ne cessa d'y fusiller qu'à la nuit. Le quartier impérial resta à St. Dizier où la garde s'établit. Les Russes perdirent dans cette journée 15 à 1,800 hommes, dont environ 500 prisonniers, 9 pièces de canon, un équipage de pont et tous leurs bagages : la perte des Français n'excéda pas 600 hommes hors de combat, avantage produit par la vivacité de leurs attaques.

Cette victoire, la dernière de Napoléon, n'eut d'autre résultat que de lui dessiller les yeux. Malgré les trophées amoncelés à ses pieds, il ne se dissimula plus que le coup fatal était porté à sa puissance et à sa gloire. Convaincu enfin que les Alliés étaient en pleine marche sur Paris, il eut d'abord l'intention de voler à son secours, en manœuvrant sur leurs derrières, par l'une ou l'autre des routes qui y conduisent de Châlons; mais il fallait préalablement enlever Vitry, et l'entreprise était difficile. Néanmoins, toute l'armée à l'exception du 7e corps d'infanterie et du 6e de cavalerie se dirigea le lendemain sur Vitry, et poussa devant elle les brigades des généraux Tettenborn et Czernischew.

Napoléon forme le projet de marcher sur Paris par la route de Châlons.

Le gouverneur sommé de nouveau, montra plus de fermeté que cinq jours auparavant, et ne se laissa pas intimider par les préparatifs d'une attaque de vive force.

Conseil tenu devant Vitry. Cependant une reconnaissance plus exacte de la place ayant convaincu que le coup de main était trop hasardeux, l'Empereur conféra avec les princes de Neuchâtel et de la Moskowa sur le parti à prendre dans la conjoncture, et proposa d'abord de se jeter avec toute l'armée dans les Vosges, au débouché desquels se trouvaient déjà d'un côté le duc de Reggio à Bar, et de l'autre le général Durutte, aux environs de Verdun; mais le Major-général d'accord avec le prince de la Moskowa, combattit fortement ce projet, prétendant que quitter la trace des Alliés, c'était leur abandonner Paris, et mettre désormais toutes les chances de la guerre en leur faveur. Alors on agita la question de marcher sur Paris par la route de Sézanne et Coulommiers; le prince de Neuchâtel soutint qu'elle était impraticable, et démontra d'ailleurs qu'ayant la Marne à passer à Lagny ou à Meaux, cette opération toujours dangereuse en face d'un ennemi, le serait bien davantage vis-à-vis d'une armée supérieure en nombre. Napoléon écouta pour la première fois des avis qui s'écartaient autant de son opinion, et vivement pressé par le prince de la Moskowa, qui lui représenta le danger de laisser les Alliés s'établir à Paris, il se décida à revenir par Saint-Dizier, Bar-sur-Aube et Troyes, en arrière de la forêt de Fontainebleau.

L'on se mit en mouvement par un temps horrible, sans chaussure et sans pain depuis cinq à six jours. Cette contre-marche dont l'armée pénétra la cause et l'objet, lui arracha quelques murmures; car elle eût préféré prendre Vitry de vive force à retourner sur ses pas; toutefois elle s'échelonna de Marolles à Valcourt où la division Albert et les dragons du général Trelliard formèrent l'arrière-garde. L'Empereur et la garde retournèrent coucher à Saint-Dizier.

L'armée se met en marche sur Paris par Troyes.

Au moment où le gros de l'armée revenait ainsi sur ses pas, le duc de Reggio entrait à Bar, et jetait des partis sur la Meuse, pour avoir des nouvelles de la division sortie de Metz avec le général Durutte; mais on n'en put rien apprendre, quoique depuis deux jours elle se trouvât entre Longwy et Verdun. Le général Winzingerode, favorisé par ce contre-temps, s'assura d'un passage de la Meuse en envoyant la division prussienne du prince Biren de Courlande, accourue de Nancy, prendre position à Saint-Mihiel.

Le mouvement rétrograde de l'armée entraînait nécessairement celui du Maréchal. Il reçut ordre de rejoindre en toute hâte, et se mit en marche le soir même. Le duc de Reggio exécuta cet ordre à regret ; témoin de l'esprit qui éclatait à son approche dans le département de la Meuse, où il est né, il proposa de proclamer l'insurrection et d'appeler les Lorrains aux armes ; mais le prince de Neuchâtel, dont l'avis avait prévalu, lui répondit que cette mesure n'offrirait pas tous les avantages qu'il s'en promettait, parce qu'il fallait que la masse fût soutenue par de la cavalerie, plus utile ailleurs que sur ce point, et se contenta de lui envoyer des commissions en blanc pour des chefs de parti.

<small>Le duc de Reggio propose d'insurger la Lorraine.</small>

Le 22, l'armée commença son mouvement sur Troyes, en 4 colonnes. La 1ere composée de l'artillerie et de la cavalerie légère des 5e et 6e corps de cavalerie, fut rappelée des environs de Chaumont sur Troyes ; la 2e formée de toutes les troupes à cheval de la garde se dirigea sur Brienne ; la 3e consistant dans l'infanterie de la garde qui se trouvait aux environs de Saint-Dizier, vint sous les ordres du prince de la Moskowa coucher à Montiérender où fut établi le quartier impérial ; enfin, la 4e composée des six corps, précédemment commandés par le duc de Tarente, poussa jusqu'à Vassy où fut transféré son quartier-général. Le comte Gérard qui tenait Valcourt, ne s'ébranla qu'au moment où le duc de Reggio déboucha de Saint-Dizier sur la route de Joinville, et s'échelonna le soir depuis Humbecourt jusqu'à Vassy.

Cette marche se fit par un temps affreux dans des chemins de traverse défoncés, où la cavalerie et surtout l'artillerie eurent mille peines à avancer, et l'on mit le feu à une soixantaine de caissons qu'on ne pût tirer des boues, afin de renforcer de leur attelage celui des pièces.

Dès que le général Winzingerode s'aperçut qu'il n'était plus poursuivi, il revint à Saint-Dizier où il rappela les généraux Tettenborn et Czernischew.

Le 29 mars, Napoléon à la tête de la cavalerie de sa garde, était en route sur Vandœuvres, lorsqu'un courrier expédié de Paris lui remit au pont de Dolencourt une dépêche du roi Joseph qui lui annonçait l'arrivée à Meaux des armées combinées. Bien qu'il dût s'y attendre, cette nouvelle augmenta sa perplexité. Il envoya, comme on l'a déjà dit, le général Dejean aux Maréchaux pour leur recommander d'éviter l'occupation de la Capitale, en annonçant au prince de Schwarzenberg les propositions qu'il faisait à l'empereur d'Autriche, et qui, selon lui, étaient de nature à amener la paix. Un agent diplomatique partit au même moment pour Dijon, avec une lettre autographe adressée à ce Souverain. Le bruit courut à l'armée qu'elle renfermait une promesse pure et simple de souscrire à toutes les conditions

Arrivée d'un courrier qui annonce l'entrée des Alliés à Meaux.

du projet de traité qu'il avait rejeté; mais on ignore jusqu'à quel point cette conjecture fut fondée; quoi qu'il en soit, après une halte d'environ trois heures, Napoléon partit pour Troyes escorté seulement par ses escadrons de service.

Deux escadrons se portèrent de Dolencourt à la rencontre de la cavalerie légère du général Piré, et rejoignirent le lendemain matin avec elle.

Le gros de la cavalerie de la garde poussa jusqu'à Troyes, où il arriva dans la nuit; l'infanterie bivouaqua à Lusigny.

De Dolencourt, le Prince Major-général expédia entre trois ou quatre heures du soir des instructions particulières à tous les chefs de corps; et afin d'éclairer ceux qui ignoraient encore le but de la marche, elles portaient le préambule commun que voici :

« Nous venons de recevoir tous nos courriers
» de Paris; l'esprit de la ville est bon. Les ma-
» réchaux ducs de Trévise et de Raguse, *qui*
» *n'ont pas souffert*, et ce qu'on a pu ramasser
» à Paris, sont en bataille avec une nombreuse
» artillerie sur les hauteurs de Claye. Blucher
» a dû entrer aujourd'hui 29 à Meaux. L'Em-
» pereur sera cette nuit à Troyes et demain
» à Nogent. Il faut marcher jour et nuit, pre-
» nant seulement les intervalles de repos in-
» dispensables. »

Ces dépêches causèrent dans l'armée la sensation la plus désagréable, et tous les chefs de corps marquèrent plus ou moins d'étonnement d'un parti aussi extraordinaire ; parmi les avis ouverts dans cette conjoncture, l'histoire rapportera le conseil donné par le duc de Tarente, le 30 mars au matin, au prince de Neuchâtel.

« .....Il est trop tard pour secourir Paris, du
» moins par la route que nous allons suivre ; il
» y a d'ici 50 lieues, en supposant que l'on
» marche en forçant et sans obstacle, il faudra
» quatre jours au moins, mais en quel état ar-
» rivera l'armée s'il faut combattre ? car il n'existe
» aucune ressource de l'Aube à la Seine.

<small>Avis ouvert par le duc de Tarente.</small>

» Les Alliés étant hier à Meaux auront poussé
» leur avant-garde sous Paris, et nous aurons
» la douleur d'apprendre qu'ils sont aujourd'hui
» devant les barrières. Sera-ce les corps réunis
» des ducs de Trévise et Raguse qui les tiendront
» en échec assez de temps pour nous donner
» celui d'arriver ? C'est une supposition gratuite ;
» d'ailleurs les Alliés ne manqueront pas, à
» notre approche, de border la Marne, et alors
» plus de passage.

» Je serais donc d'avis, si Paris tombe au pou-
» voir de l'ennemi, que l'Empereur *marchât par*
» *Sens*, et appelât à lui tous les corps et détache-
» mens par Melun et Fontainebleau *pour nous*
» *rabattre vers le duc de Castiglione* et livrer une

» bataille décisive sur un terrain choisi, après
» avoir fait reposer les troupes. Enfin si la Pro-
» vidence a marqué notre dernière heure, nous
» succomberons au moins honorablement, au
» lieu de finir comme des misérables, dispersés,
» pris et dépouillés par des cosaques. »

Aussitôt après son arrivée à Troyes, Napoléon traça l'itinéraire de l'armée, de manière à ce qu'elle arrivât le 2 avril sous la Capitale, renforcée de la division Souham laissée par le duc de Raguse à Nogent, et à laquelle il enjoignit de se rendre à Fontainebleau par la rive gauche de la Seine. Il fut prescrit d'enfouir le matériel et les munitions qu'on ne pourrait transporter dans cette marche forcée.

Le baron Winzingerode ne s'avança le même jour 29 qu'à Montiérender.

Le 30 mars, les troupes à pied et à cheval de la garde traversèrent Troyes, et après avoir marché toute la nuit, s'arrêtèrent accablées de fatigue à Villeneuve-l'Archevêque. L'Empereur les ayant précédées de quelques heures, quitta cette ville à 6 heures du soir avec ses escadrons de service qui l'escortèrent jusqu'à Villeneuve-la-Guyard, d'où il partit à franc étrier et sans aucune suite pour Fontainebleau. Il espérait encore prévenir l'ennemi à Paris, réveiller l'énergie de ses habitans et les décider à tenter un effort qui, retardant seulement de

48 heures les progrès des Alliés, donnât à son armée le temps d'arriver et de faire changer les chances du combat.

Rompu de lassitude, il se jetta à Fontainebleau dans une voiture, suivi seulement du prince de Neuchâtel et du duc de Vicence, et précédé d'un seul courrier. Au moment où ce dernier descendait à la Cour-de-France, le général Belliard y arrivait avec sa cavalerie, et il lui annonça que l'Empereur le suivait de très-près. En effet sa voiture ne tarda pas à paraître ; surpris de se voir tout-à-coup au milieu des troupes, il la fait arrêter, et s'informe de ce que cela peut être. C'est le général Belliard, Sire, dit le courrier. Aussitôt la portière s'ouvre ; l'Empereur saute à terre, et prenant la main du colonel-général, il l'emmène sur la grande route. « Eh bien, » Belliard, qu'est-ce que cela, comment êtes-vous » ici avec votre cavalerie ? Où est l'ennemi ? — Aux » portes de Paris. — Et l'armée ? — Elle me suit. — » Et qui garde la Capitale ? — La Garde parisienne. » — Que sont devenus ma femme et mon fils ? Où » est Mortier ? où est Marmont ? — L'Impératrice, » le Roi de Rome, sont partis avant-hier pour Ram- » bouillet, et de là je pense pour Orléans ; les Ma- » réchaux sont sans doute encore à Paris pour » terminer leurs arrangemens. » Alors il raconta à Napoléon avec précision et rapidité les opérations de l'armée laissée le 19 mars sur l'Aisne,

L'Empereur rencontre le gén. Belliard à la Cour-de-France.

et rendit un compte succinct de la bataille de Paris. Le prince de Neuchâtel et le duc de Vicence arrivèrent sur ces entrefaites. « Eh bien, » vous entendez ce que dit Belliard, Messieurs ? » Allons, je veux aller à Paris; partons ! Caulin- » court, faites avancer ma voiture. » Pendant ce colloque, on avait fait environ 3 kilomètres. Le général Belliard représenta à Napoléon qu'il ne pouvait aller plus loin, qu'il n'y avait plus de troupes à Paris. « C'est égal, dit-il, j'y trou- » verai la Garde nationale, l'armée me rejoindra » demain où après-demain, et je rétablirai les » affaires. — Mais je répète à votre Majesté qu'elle » ne peut aller à Paris. La Garde nationale, d'après » le traité, garde les barrières, et quoique les » Alliés ne doivent y entrer qu'à 7 heures, il se- » rait possible qu'ils eussent passé outre, et qu'elle » rencontrât, aux portes ou sur les boulevards, des » postes russes ou prussiens. — N'importe, je veux » y aller : ma voiture ! suivez-moi avec votre ca- » valerie. — Mais, Sire, votre Majesté s'expose à se » faire prendre et à faire saccager Paris; plus » de 120 mille hommes occupent toutes les hau- » teurs environnantes; d'ailleurs, j'en suis sorti en » vertu d'une convention, et ne puis y rentrer » — Quelle est cette convention ? Qui l'a conclue? » — Je ne la connais pas, Sire; seulement le duc » de Trévise m'a prévenu qu'elle existait et que je » devais me porter à Fontainebleau. — Que fait

»Joseph? Où est le Ministre de la guerre? — Je l'i-
» gnore; nous n'avons reçu aucun ordre de l'un ni
» de l'autre de toute la journée: chaque maréchal
» agissait pour son compte; on ne les a point vus
» aujourd'hui à l'armée; du moins au corps du
» duc de Trévise. — Allons, il faut aller à Paris;
» partout où je ne suis pas, on ne fait que des
» sottises. » Le prince de Neuchâtel et le duc de
Vicence se réunirent au comte Belliard pour
dissuader l'Empereur. Il ne cessait de demander
sa voiture; le duc de Vicence l'annonçait et elle
n'arrivait pas. Napoléon, dans son dépit, marchait
à pas inégaux et précipités, questionnant de nouveau sur les points déjà éclaircis. « Il fallait, Mes-
» sieurs, tenir plus long-temps, répétait-il, et tâ-
» cher d'attendre l'armée; il fallait remuer Paris qui
» ne doit pas aimer les Russes, mettre en action
» la Garde nationale qui est bonne, et lui confier
» la défense des fortifications que le Ministre a dû
» faire élever et hérisser d'artillerie; elle les aurait
» sûrement bien gardées, tandis que les troupes de
» ligne auraient combattu en avant sur les hau-
» teurs et dans la plaine. — Je vous répète, Sire,
» qu'on a fait aujourd'hui plus qu'il n'était possible
» l'armée entière forte de 15 à 18 mille hommes,
» a résisté à plus de 100 mille jusqu'à 4 heures;
» espérant que vous alliez venir de moment en
» moment. Le bruit s'en étant répandu dans Paris,
» et ayant percé jusqu'à l'armée, elle a redoublé

36 *

»d'ardeur et forcé les ennemis à tourner la ville
»par la plaine de Neuilly et le bois de Boulogne.
»La Garde nationale s'est aussi fort bien montrée
»soit en tirailleurs, soit en défendant les méchans
»tambours qui couvraient les barrières. — C'est
»étonnant! Combien aviez-vous de cavalerie de
»votre côté? — 1,800 chevaux, Sire, y compris la
»brigade Dautencourt. — Mais Montmartre for-
»tifié, garni de gros canon, devait faire une vigou-
»reuse résistance. — Heureusement, Sire, l'en-
»nemi l'a cru comme vous, et voilà pourquoi il
»s'en est approché avec tant de circonspection;
»cependant il n'en était rien, et il n'y avait que 7
»pièces de 6. — Qu'a-t-on donc fait de mon artille-
»rie? Je devais en avoir plus de 200 pièces à Paris,
»et des munitions pour les alimenter pendant un
»mois. — La vérité, Sire, est que nous n'avons eu
»à opposer à l'ennemi que de l'artillerie de cam-
»pagne, dont encore à 2 heures il a fallu ralentir
»l'action, faute de munitions. — Allons! je vois
»que tout le monde a perdu la tête; voilà pourtant
»ce que c'est d'employer des hommes qui n'ont
»ni sens commun ni énergie! Eh bien! Joseph
»s'imagine cependant être en état de conduire
»une armée, et le routinier Clarke a tout l'orgueil
»d'un bon ministre! mais l'un n'est qu'un c..... et
»l'autre un j... f..... ou un traître, car je commence
»à croire ce que m'en disait Savary. » La conversation continuait sur ce ton, lorsqu'à 5 kilomètres

de la Cour-de-France, on rencontra une colonne d'infanterie. — Quelles sont ces troupes, dit l'Empereur? C'est le corps du duc de Trévise, répond le général Curial. — Faites-le appeler. Il est encore à Paris. Alors sur les représentations réitérées et pressantes que le prince de Neuchâtel, le duc de Vicence et le général Belliard firent à Napoléon, il se décida à retourner à la Cour-de-France où il soupa, et partit ensuite pour Fontainebleau, après avoir ordonné que toutes les troupes prissent position aux environs d'Essonne. En effet, au fur et à mesure qu'elles arrivèrent de Paris, elles furent placées sur les hauteurs de Longjumeau, derrière la petite rivière d'Essonne.

L'Emper. retourne à Fontainebleau.

Les troupes s'établissent derrière l'Essonne.

Ainsi le 31 mars, les débris de cette armée, dont les efforts surnaturels n'avaient pu sauver la Capitale, se pressaient encore autour de lui. En un jour ou deux, tous pouvaient être réunis; Paris était conquis; mais quelles ressources immenses restaient encore pour prolonger la guerre en se jetant, à fortes journées sur les armées du midi, tandis que les provinces de l'est se seraient insurgées sur les derrières de l'ennemi! Un prince d'un caractère inflexible aurait pu, sinon sauver son trône, du moins sortir avec gloire de cette lutte; et Napoléon qui accusa son frère de manquer d'énergie, ne montra pas plus de fermeté que lui dans une circonstance si décisive; il perdit en tentatives de négociations un temps qu'il aurait dû employer à transporter le théâtre de la guerre en de nouvelles contrées, loin de sa Capitale.

Tandis que les ducs de Trévise et de Raguse s'établissaient, conformément à ses ordres, sur la rivière d'Essonne, que le gros de l'armée s'acheminait jour et nuit vers Fontainebleau, Napoléon dépêcha le duc de Vicence auprès de l'Empereur Alexandre avec des propositions qu'il croyait propres à le désarmer ; mais, ainsi qu'on l'a dit au chapitre précédent, déjà les Souverains alliés s'étaient engagés à ne plus traiter avec lui.

Réorganisation de l'armée française. Immédiatement après son retour à Fontainebleau, l'Empereur donna ses premiers soins à la réorganisation de l'armée. Tous les régimens provisoires furent dissous et répartis dans les autres. La division Boyer de Rebeval rejoignit le corps du duc de Trévise ; celui du duc de Raguse fut renforcé par deux bataillons de vétérans, par les divisions Compans et Ledru, ainsi que par toutes les troupes de la garnison de Paris. Les corps des deux Maréchaux ayant, pour ainsi dire, perdu toute leur artillerie, soit à Fère-Champenoise soit devant Paris, reçurent chacun 30 pièces parfaitement approvisionnées. La gendarmerie à pied de la Seine, de Seine-et-Marne et Seine-et-Oise, forma un bataillon d'environ 600 hommes, destiné à faire brigade avec

CHAPITRE XXIX.

celle d'Espagne, déjà attachée à la division Friant; celle à cheval jointe à l'escadron d'élite forma un régiment de 500 chevaux qui passa à la division Lefebvre-Desnoëttes.

Le général Préval qui, sur l'ordre du roi Joseph, avait évacué le dépôt général des remontes sur Mantes, dans la nuit du 31, reçut l'ordre de continuer ses opérations à Orléans ou Saumur: enfin, le colonel Vertillac qui s'était retiré de Versailles avec 2,200 hommes des dépôts d'infanterie, eut celui de s'établir à Milly.

Il y eut aussi plusieurs mutations importantes dans l'État-major général. Le comte Ornano prit le commandement de la cavalerie de la Garde, le général Guyot, commandant des escadrons de service, celui de la 1ere division en remplacement du général Colbert blessé, et le comte Kraczinski fut nommé général en chef de tous les Polonais au service de France, dont il devait former une division.

Enfin, on envoya l'ordre au duc de Tarente d'arrêter ses colonnes entre Sens et Montereau où elles se trouvaient.

La matinée du lendemain fut employée à la discussion d'un nouveau plan de campagne; plusieurs maréchaux ayant été appelés au conseil ainsi que le duc de Bassano, on y agita long-temps s'il ne serait pas plus avantageux de manœuvrer aux environs de Paris que de se retirer sur la

L'Emper^r projette de manœuvrer autour de Paris.

Loire. Tous les maréchaux, à l'exception d'un seul, étaient de ce dernier avis, et néanmoins l'autre fut adopté. Napoléon ne se montra qu'à la parade de la garde montante, où assistèrent seulement les grenadiers et chasseurs à pied. Ces guerriers le saluèrent en défilant par leurs acclamations accoutumées. La figure de Napoléon était impassible ; telle nous l'avions vue aux jours de gloire et de prospérité, aux Tuileries, à Schœnbrunn, à Postdam, au Pardo, au Kremlin, telle elle nous parut encore à Fontainebleau.

Le duc de Vicence revint de Paris dans l'après-midi ; rien ne transpira de sa mission ; mais le mystère qu'il en fit à la Cour, en décéla le peu de succès.

Positions des armées au 3 avril. Le 3 avril, l'armée devant incessamment manœuvrer sur la Capitale, le duc de Tarente se rapprocha de Montereau, et prit position ; savoir : le 2e et 11e corps d'infanterie sur les hauteurs de Surville, la cavalerie St.-Germain avec le parc et les équipages de ces deux corps à Cannes ; le duc de Reggio avec le 7e et la cavalerie du comte de Valmy à Villeneuve-la-Guyard et environs ; le général Milhaud à Emans et Noisy, la division Alix à Auxerre.

Revue de la Garde impér. Ce jour-là il y eut une revue de toutes les troupes de la Garde dans la cour du Cheval-Blanc ; l'infanterie était massée le long de ses deux côtés sur 15 à 20 hommes de profondeur. L'Empereur, après avoir parcouru tous les rangs, se plaça au milieu de la cour, et donna l'ordre d'y réunir les plus anciens officiers, sous-officiers et soldats de chaque compagnie, en forma un cercle autour de lui, commanda leur attention par un ban, puis leur parla en ces termes :

« Soldats! l'ennemi nous a dérobé trois marches
» et s'est rendu maître de Paris ; il faut l'en chas-
» ser. D'indignes Français, des Emigrés auxquels
» nous avions pardonné, ont arboré la cocarde
» blanche et se sont joints à nos ennemis. Les lâ-
» ches! ils recevront le prix de ce nouvel attentat.
» Jurons de vaincre ou de mourir, et de faire
» respecter cette cocarde tricolore qui, depuis
» vingt ans, nous trouve dans le chemin de la
» gloire et de l'honneur. »

Le cercle et la troupe prononcèrent à l'envi ce serment.

Après cette courte harangue, l'infanterie défila au pas accéléré et fit place à la cavalerie qui salua l'Empereur par les acclamations d'usage aux jours de péril et de cérémonie.

Ce qui a été dit de cette revue dans les journaux et les pamphlets du temps, est de la plus insigne fausseté. Jamais Napoléon n'a promis le pillage de la Capitale à la Garde : cette proposition l'eût révoltée. Jamais l'armée n'a eu le moindre désir de vengeance, le plus léger sentiment d'animosité contre les Parisiens. L'opinion généralement reçue était au contraire que, si la Capitale n'avait pas été vendue à l'ennemi, la plupart de ses habitans auraient pris les armes et combattu avec zèle à nos côtés pour l'en éloigner.

La Garde se porte sur Essonne. Vers six heures, toute la Garde se mit en mouvement sur Essonne. Obligée de filer par la route qui traverse la forêt de Fontainebleau, sa marche se prolongea fort avant dans la nuit qu'éclairait un beau clair de lune; elle avait, je ne sais quoi de majestueux et de solennel : un profond silence régnait dans les colonnes ; l'on n'entendait qu'un cliquetis uniforme de sabres et de baïonnettes ; d'austères réflexions préoccupaient ces soldats échappés à tant de batailles et dont les regards sévères et sombres se fixaient par intervalles sur plusieurs batteries d'obusiers qui marchaient au milieu d'eux, suivies de l'élite de l'artillerie. L'esprit frappé du serment qu'ils avaient prêté le matin, et du souvenir de vingt ans de victoires, ils s'apprêtaient dans un recueillement héroïque, à terminer leur carrière devant les murs ou sous les décombres de la Capitale. Erreur sublime! que la patrie a désapprouvée, mais qui mérita des éloges de l'ennemi même.

Le quartier impérial devait être transféré à Ponthierry, mais il fut porté à Moulignon où l'on marqua le logement de l'Empereur.

L'infanterie prit position à Boissise-le-Roi, aux

Bordes, Moulignon et Auverneaux; la cavalerie du général Defrance à la Ferté-Aleps.

La droite de l'armée française s'appuyait ainsi à Melun, sa gauche à la Ferté-Aleps en remontant l'Essonne; Corbeil et Essonne étaient occupés par le duc de Raguse; la partie de Melun située sur la rive gauche de la Seine, par des dépôts de cavalerie sous le général Chanez. Les troupes aux ordres du duc de Tarente vinrent prendre position, l'infanterie en 2ᵉ ligne à Villiers, Chailly-en-Bière et Fontainebleau; la cavalerie sur la rivière d'Erolle depuis St.-Germain jusqu'à Boissise. La totalité des forces réunies sur cette ligne n'excédait pas 36 mille hommes.

De leur côté les Alliés, malgré la révolution qui s'était opérée dans Paris, avaient jugé nécessaire de se porter en avant.

L'armée de Silésie dont le maréchal Barclay de Tolly venait de prendre le commandement, s'était placée, dès le 2 avril, sur la route d'Orléans à Palaiseau, Chilly et Longjumeau et poussa ses avant-postes à Montlhéry et Arpajon; les corps de Giulay et du prince royal de Wurtemberg s'établirent entre Villeneuve-le-Roi et Atys, à droite de la route de Fontainebleau, le comte Rayefsky à gauche, ayant en réserve les Bavarois à Paroy et Rongis, le général Kaisarow entre Donnemarie et Montereau.

Il ne resta dans Paris que les gardes et les réserves; et le corps de Bulow fut rappelé de devant Soissons, dont on confia le blocus à la brigade Thumen.

<small>Dispositions défensives des Alliés.</small> Bientôt le prince de Schwarzenberg craignant que Napoléon ne fît un mouvement sur son flanc gauche, et ne tournât les Alliés devant Paris, donna l'ordre à la grande armée de se tenir prête à être formée au premier signal, sur deux lignes entre le parc de Morangis et Juvisy, et à celle de Silésie, derrière les hauteurs de Longjumeau. Versailles fut occupé, et l'on ordonna aux avant-postes de pousser des partis sur les bords de l'Yvette depuis Arsay vers Chevreuse et Dampierre. On établit à Conflans un pont de bateaux qu'on couvrit de bons retranchemens, et le corps de Wassiltschikow qui fut chargé de l'investissement de Vincennes, occupa le pont de St.-Maur.

Les grenadiers russes quittèrent Paris, et vinrent se former en troisième ligne à Rongis, derrière les Bavarois; ils furent remplacés sur la butte Montmartre par une brigade du corps de Bulow. On voit par-là combien était resserrée l'armée française, et la nécessité où elle se trouvait de prononcer un mouvement offensif ou de retraite.

<small>Communications du Généralissime au duc de Raguse</small> Cependant la nouvelle s'étant répandue que Napoléon après avoir rallié les divers corps de son armée sur l'Essonne se disposait à marcher

contre Paris avec environ 50 mille hommes, les Souverains effrayés des suites que pourrait avoir une bataille acceptée sous les murs de la Capitale, résolurent de l'évacuer par prudence, et d'aller prendre position à Meaux. L'ordre de ce mouvement rétrograde allait être expédié au comte Barclay de Tolly, lorsque le Généralissime en fit suspendre l'envoi en rendant compte de ses pourparlers avec le duc de Raguse. Le Prince s'était hâté de lui faire tenir les Moniteurs qui rendaient compte des événemens dont Paris avait été le théâtre depuis le 31 mars, avec l'invitation du Gouvernement provisoire d'embrasser la cause de la nation, contre l'Empereur, présumant que cela déciderait le Maréchal ébranlé par les conseils que ses amis lui avaient donné, dit-on, dès la nuit du 30 au 31 mars. Ce qu'il avait prévu arriva: le duc charmé que les premières ouvertures de rapprochement entre l'armée et le Gouvernement provisoire s'adressassent à lui, se crut pour un moment destiné à terminer la révolution. L'intention justifie toutes les entreprises politiques; Monck rétablissant la dynastie des Stuarts sur le trône d'Angleterre, et Marlborough la sacrifiant à la famille de Guillaume d'Orange, n'envisagèrent, dit l'histoire, que la prospérité de leur pays. Si tel fut aussi l'objet du duc de Raguse, qui oserait le blâmer d'avoir suivi leur exemple ? Il ouvrit donc une négociation avec le Gouvernement provisoire qui se proposait de faire de son corps le

Négociations du duc de Raguse avec le Gouvernem. provisoire.

noyau de l'armée nécessaire à l'accomplissement de ses desseins ultérieurs.

La négociation marcha rapidement et fut bientôt conclue. En vertu de ses bases, le duc de Raguse arrêta avec le prince de Schwarzenberg une convention militaire, aux termes de laquelle les troupes du Maréchal devaient quitter la position d'Essonne, et se retirer par Versailles sur un point en-deçà du théâtre des hostilités, entre les armées de Napoléon et des Alliés.

Le Maréchal agissait de concert avec le comte Souham, l'un des plus anciens généraux divisionnaires de l'armée. A l'exception des généraux Chastel et Lucotte dont les dispositions n'avaient pas paru favorables, tous les autres furent mis successivement dans le secret.

Le prince de Schwarzenberg donna aussitôt connaissance aux Souverains de la convention qu'il venait de passer avec le maréchal de Raguse, expédia l'ordre aux troupes de se tenir prêtes à protéger son passage, au cas que Napoléon voulût s'y opposer; et néanmoins pour éviter toute méprise dans cette longue marche de flanc sur le front des Alliés, deux régimens de cavalerie bavaroise furent désignés pour exécuter un mouvement parallèle à celui de la colonne française, depuis le point où elle arriverait sur la ligne jusqu'à Fresnes, où deux régimens de la réserve russe devaient les relever jusqu'à Versailles. Cette ville fut fortement occupée, tant à cause de ce passage inopiné, que parce qu'on se défiait de ses habitans.

Cependant le duc de Raguse n'était pas le seul auquel les événemens de Paris fussent communiqués. Les Maréchaux y avaient laissé leurs familles, des amis qui ne manquèrent pas de les en instruire. La nature de ces événemens devaient exciter en eux des sentimens divers. Depuis fort long-temps, ils faisaient la guerre contre leur gré et ne soupiraient qu'après la paix. Mais l'espèce d'éloignement dans lequel Napoléon les tint toujours, même au comble de la faveur, ne leur avait pas permis jusqu'alors d'élever la voix et de faire connaître leurs vœux. L'occasion parut décisive, car de la détermination qu'ils allaient prendre dépendait le sort de la patrie; en effet, malgré qu'une partie du Sénat eût prononcé la déchéance, et que l'ennemi occupât la Capitale, Lyon et Bordeaux; le Conseil de Régence se trouvant déjà derrière la Loire, l'action du Gouvernement n'en était pas moins assurée dans le reste de l'Empire où la guerre pouvait se prolonger avec d'autant plus d'opiniâtreté, que les armées et les garnisons se trouvaient toutes dévouées à l'Empereur.

La révolution de Paris est connue des Maréchaux.

C'est pour sauver la France des horreurs d'une guerre étrangère et civile, qu'après s'être entendus, ils se rendirent tous après midi chez l'Empereur, accompagnés du grand-maréchal du palais

Démarches des Maréch. auprès de Napoléon.

et du duc de Vicence, pour le résoudre à un grand sacrifice. Le prince de la Moskowa portant la parole, après avoir fait un tableau pathétique de la situation de l'Empire, demanda quels moyens lui restaient pour le soustraire à tant de malheurs. Napoléon fortement ému, n'ayant trouvé aucun remède, le Maréchal lui proposa alors d'abdiquer. L'Empereur réfléchit quelques minutes, et sentant qu'il ne lui restait pour toute ressource qu'une armée, du dévouement de laquelle il n'était plus même certain, d'après la démarche des Maréchaux, promit de souscrire l'acte de renonciation au trône en faveur de son fils, sous la régence de l'Impératrice.

Napoléon abdique en faveur du roi de Rome.
En effet, il signa cette promesse d'abdication dans la soirée du 3, et chargea le prince de la Moskowa, les ducs de Tarente, de Vicence et de Raguse d'aller la porter aux Souverains alliés.

Les trois premiers partirent aussitôt, et en passant à Essonne, entrèrent chez le duc de Raguse pour lui annoncer que l'Empereur l'avait désigné comme l'un des quatre commissaires chargés de négocier son abdication en faveur du Roi de Rome, sous la régence de l'Impératrice.

Cette détermination à laquelle il s'attendait aussi peu qu'à la nouvelle marque de confiance de Napoléon, le jeta dans un embarras qu'il ne put déguiser à ses collègues; et il leur confia qu'il était en pourparlers avec le prince de Schwarzenberg. Le duc de Tarente lui ayant demandé s'il avait conclu quelqu'arrangement; sur sa réponse négative, il lui dit qu'alors rien ne devait l'empêcher de se joindre aux autres commissaires. Le duc de Vicence ajouta que son union avec eux, d'après ce qui venait de se passer, donnerait encore plus de poids à leur démarche. Mais le duc de Raguse s'excusant toujours de ne pouvoir être plénipotentiaire de Napoléon, les commissaires lui firent sentir que le seul moyen de sortir d'embarras était d'aller à Fontainebleau lui confesser la vérité, ou de venir à Paris avec eux. Il s'arrêta de préférence à ce dernier parti et monta dans la voiture du duc de Tarente, après avoir laissé au général Souham le commandement de son corps d'armée, et l'instruction de ne faire aucun mouvement jusqu'à son prochain retour (1).

Arrivés à Chevilly, les Maréchaux descendirent chez le Généralissime auquel ils se crurent obligés de faire part de l'objet de leur mission. Le duc de Raguse refusa de paraître avec eux, et resta dans la voiture. En sortant de chez le Généralissime, le duc de Tarente fit une visite au

Départ des Maréch. pour Paris.

---

(1) Réponse du duc de Raguse à la proclamation datée du golfe de Jouan, le 1er mars 1815, page 8.

prince de Wurtemberg, lequel lui apprit dans la conversation que le corps du duc de Raguse allait quitter Napoléon, et passer du côté des Alliés. Sur quoi le Maréchal observa qu'il n'y avait encore rien de positif à cet égard; mais le Prince lui donna sa parole que l'arrangement était conclu. Le duc de Tarente réfléchissait à cette communication en regagnant sa voiture, où il croyait retrouver son collègue, lorsque ses gens lui dirent qu'il venait d'en descendre pour aller chez le prince de Schwarzenberg. En effet, le duc de Raguse lui exposait les motifs qui s'opposaient à l'exécution de la convention (1). Le duc de Tarente soupçonnant dès-lors les choses beaucoup plus avancées que son collègue ne l'avait confessé, ne put s'empêcher, lorsqu'il fut de retour, de lui témoigner sa surprise de ce qu'ayant fait des difficultés de se présenter avec les autres commissaires chez le Généralissime, il s'y fût rendu en leur absence, et lui rapporta ce que le prince de Wurtemberg venait de lui dire; mais le duc de Raguse lui assura de nouveau que rien n'était conclu, et l'entretien cessa.

Immédiatement après le départ des commissaires, le bruit courut dans les camps que l'Em-

---

(1) Réponse du duc de Raguse à la proclamation datée du golfe de Jouan, le 1er mars 1815, page 8.

pereur avait abdiqué, et l'on y ajouta d'autant moins de foi que les dispositions offensives et le serment exigé la veille semblaient le démentir; cependant Napoléon convainquit les plus incrédules par le langage qu'il tint à l'issue du dîner. « On » veut me faire abdiquer en faveur du Roi de » Rome, dit-il, je le fais puisqu'on le désire; ce- » pendant ce n'est pas l'intérêt de la France. Mon » fils est un enfant; ma femme est excellente, on » n'en peut pas trouver de meilleure; mais elle » n'entend rien aux affaires; vous auriez donc » une Régence autrichienne durant 12 ou 15 ans, » et vous verriez M. de Schwarzenberg Vice-Em- » pereur des Français : cela ne peut vous conve- » nir. D'ailleurs il faut raisonner; si cela entrait » dans les vues de l'Autriche, croit-on que les » autres Puissances consentent jamais à ce que » mon fils règne tant que je vivrai ? Non certai- » nement; car elles auraient trop peur que j'ar- » rachasse le timon des affaires des mains de ma » femme. Aussi je n'attends rien de bon de la dé- » marche des Maréchaux...... »

Discours plein de discernement, empreint à la fois de grandeur et de faiblesse, et qui rappelle en quelque chose la tranquillité de Sylla, se dépouillant de la dictature.

CHAPITRE XXX.

Défection du comte Souham avec les troupes du duc de Raguse. — Négociations des Maréchaux avec les Souverains, relativement à l'abdication conditionnelle de Napoléon. — Refus de cette abdication. — Constitution du Sénat. — Négociations entamées par les Maréchaux sur la base de l'abdication absolue. — Insurrection des troupes du duc de Raguse. — La Garde parisienne prend la cocarde blanche. — Abdication absolue de Napoléon. — Adhésion de la grande armée. — Arrivée de Monsieur à Paris. — Le Sénat lui confère le titre de Lieutenant-général du Royaume.

(Consultez les feuilles de Cassini, n° 1 et 7.)

Peu d'heures après le départ du duc de Raguse, Napoléon précipita sans le savoir l'exécution de la convention que le Maréchal voulait annuller, en faisant appeler le comte Souham pour lui expliquer sans doute lui-même les motifs qui l'obligeaient à révoquer les ordres relatifs à la marche sur Paris. Mais la lettre qui mandait cet officier général n'indiquait point d'objet: le porteur l'ignorait; et plusieurs autres circonstances donnant lieu au comte Souham de penser que Napoléon était instruit du traité particulier du duc de Raguse, il assemble, dans la nuit, les officiers généraux dépositaires du secret, et ils résolvent d'une voix unanime, d'exécuter sur-le-champ le traité, de se rendre à Versailles, sans attendre d'instructions ultérieures du Maréchal, et de prendre les précautions nécessaires pour protéger le mouvement. La division Ricard fut relevée de sa position et chargée de garder Essonne militairement du côté de Fontainebleau. On plaça des postes sur la grande route avec consigne d'arrêter et de conduire au général Souham, les ordonnances et les officiers porteurs de dépêches du quartier impérial. Les ordres de mouvement furent adressés directement aux corps des généraux Chastel et Lucotte qu'on n'avertit point.

Enfin le 5 avril, à 4 heures du matin, toutes les troupes du corps d'armée levèrent leurs bivouacs et se mirent en mouvement: la cavalerie du général Bordesoulle formait tête de colonne, l'artillerie suivait; l'infanterie marchait de chaque côté par sections, et la cavalerie du général Chastel faisait l'arrière-garde. Tout chemi-

Défection des troup. du duc de Raguse.

naît en silence et avec ordre, comme s'il s'était agi de surprendre l'ennemi.

Les troupes crurent en effet, assez long-temps, qu'on les conduisait à une attaque sérieuse et prochaine, sur le flanc droit des Alliés; mais la marche parallèle des flanqueurs bavarois qui, en exécution de la convention militaire, s'interposaient processionnellement entre le corps d'armée et la ligne ennemie, fit naître et accrut progressivement les doutes des officiers et des soldats. A Fresnes, quelques officiers et une centaine d'éclaireurs polonais s'écrièrent qu'on les trompait; qu'ils ne voulaient point se séparer de leurs frères d'armes, et s'enfuirent à toute bride vers Fontainebleau. Les murmures éclataient dans tous les rangs et les efforts des généraux pour rétablir la confiance furent inutiles. La discipline et la subordination retinrent officiers et soldats; mais ce ne fut pas sans peine ni sans péril qu'on parvint à conduire et à contenir la colonne jusqu'à Versailles.

Cependant l'Empereur ne voyant pas arriver le général Souham, lui dépêcha vers 3 heures du matin un second officier qui revint en toute hâte annoncer que le 6ᵉ corps d'armée avait disparu. Napoléon dans son inquiétude mande le comte Belliard et lui recommande de faire couvrir sur-le-champ la route de Fontainebleau avec quelques escadrons de cavalerie. L'aide-major général ne comprenant pas le motif de cet ordre, attendait qu'il le lui expliquât, lorsque sa douleur éclata par ces exclamations : « Qui aurait pu » croire un pareil trait de Marmont !... un homme » avec lequel j'ai partagé mon pain.... que j'ai tiré » de l'obscurité.... dont j'ai fait la fortune et la » réputation !...» Puis il ajouta après un instant de silence : « Voilà le sort des Souverains, M. le gé- » néral Belliard, c'est de faire des ingrats.... Ah! » sûrement le corps de Marmont ne sait pas où » il le mène. Il m'a donné avant-hier encore des » marques trop vives d'attachement, pour que je » puisse croire qu'il m'ait sciemment abandonné. » C'est un mal irréparable ; montez à cheval de » suite néanmoins pour voir les choses par vous- » même et revenez au plutôt me rendre compte » des mesures que vous aurez prises. »

Le comte Belliard partit à l'instant, mais lorsqu'il arriva à Essonne, le duc de Trévise avait déjà garni la ligne.

Aussitôt après leur arrivée à Paris, le prince de la Moskowa, les ducs de Tarente et de Vicence communiquèrent l'objet de leur mission au Gouvernement provisoire, qui ne leur cacha pas être peu disposé à la favoriser. Le même soir ils obtinrent une audience de l'empereur Alexandre. Le caractère des commissaires de Napoléon leur valut de la part du Monarque une récep-

<small>Heureux début de la négociation entamée par les Maréchaux.</small>

tion obligeante dont ils profitèrent pour exposer les dispositions de l'Empereur et les vœux de l'armée. Ces ouvertures étaient d'un grand poids; quoique déchu de sa puissance, Napoléon ne cessait point d'être redoutable et son armée commandait le respect. Refuser l'abdication conditionnelle qu'il offrait, c'était attacher les soldats à son infortune et recommencer une lutte presque terminée. Ebranlé par ces considérations, le Czar résolut de prendre conseil de ses Alliés et du Gouvernement provisoire, et sans donner aux plénipotentiaires des promesses positives, il les ajourna au lendemain, en les assurant qu'il appréciait toute la valeur de leurs propositions, et qu'il était personnellement disposé à accueillir les vœux de l'armée. Ces expressions parurent aux Maréchaux d'un si heureux augure, qu'ils dépêchèrent un courrier à Fontainebleau pour annoncer à l'Empereur la favorable ouverture de la négociation, et leur espoir de la terminer le lendemain à sa satisfaction.

Cette nouvelle qui remplit de joie le quartier impérial, n'arracha point Napoléon à sa rêverie; il fut soucieux toute la journée. Un secret pressentiment semblait l'avertir que la négociation échouerait.

Ce qui transpira de cette première conférence remit en question à Paris, comme dans les cabinets des Souverains et du Gouvernement provisoire, les deux causes de la Régence et de la Restauration. L'inquiétude parut sur les visages : l'espérance et la crainte agitèrent en sens opposé les esprits, et de violens débats s'engagèrent entre ceux dont les opinions ou les intérêts se rattachaient à la cause de Napoléon ou à celle des Bourbons. Des controverses moins passionnées, mais toutefois vives et pressantes reproduisirent tous les argumens favorables ou contraires à l'une ou à l'autre.

Les défenseurs de la Régence s'attachèrent surtout à prouver que le règne des Bourbons ramenerait infailliblement avec tous les priviléges et les abus de l'ancien régime, les effrayantes réactions que produisirent en Angleterre la restauration des *Stuarts* et la seconde révolution que ces violences entraînèrent.

Les partisans de la Restauration tiraient de cet exemple même un gage des garanties que les Bourbons s'empresseraient de donner ou de consentir contre les vengeances et le froissement des intérêts créés par la révolution. Ils ne dissimulaient pas que les passions et les intérêts de la classe dépouillée par elle l'égareraient peut-être au point de vouloir recouvrer en entier ce qu'elle avait perdu, et profiter de son ascendant naturel sur des princes à la cause des-

quels elle sut enchaîner la sienne ; « mais n'était-
» il pas évident que ces deux causes, bien que
» liées entre elles par l'infortune, différaient es-
» sentiellement dans leur principe ? Si l'intérêt de
» l'ancienne noblesse et du clergé visait à recou-
» vrer leurs biens, leurs rangs, leurs honneurs,
» leur puissance à l'exclusion ou aux dépens du
» peuple, celui des Bourbons ne leur commandait-
» il pas de régner sur la France entière, sur
» toutes les classes de la société ? Souffriraient-
» ils qu'on opprimât ou qu'on avilît la classe
» plébéienne, où une foule d'hommes avait ac-
» quis dans les armes, le commerce et l'indus-
» trie, dans les arts et les sciences une grande
» illustration et un rang élevé sur l'échelle so-
» ciale de l'Europe ? Qu'avait-on à craindre des
» Bourbons, de cette famille qui affranchit les
» communes et protégea leurs chartes contre les
» priviléges ? Hésiteraient-ils à garantir dans
» une charte générale et commune à toute la
» France, les intérêts anciens et nouveaux
» sans exclusion ? Balanceraient-ils à y consa-
» crer l'oubli des torts et des erreurs du peuple
» dans la révolution, eux dont les ancêtres avaient
» si sagement, si généreusement pardonné les
» torts de la noblesse dans les troubles de la
» *Ligue* et de la *Fronde ?* La nécessité de cette
» grande transaction n'était-elle pas reconnue

» et proclamée par des membres distingués de
» l'ancien clergé, de l'ancienne noblesse? Plu-
» sieurs même, dans le moment actuel, ne con-
» couraient-ils pas à la rédaction du projet de
» constitution que le Gouvernement provisoire
» devait présenter au Sénat? Etait-il donc impos-
» sible que la Restauration fût en effet et sans re-
» tour la fin de la révolution? N'était-ce pas au
» contraire, avec la Régence, qu'il fallait craindre
» des révolutions nouvelles? Pouvait-on en cou-
» ronnant le fils tenir le père captif? La crainte
» ou l'espoir d'un retour ne lui conserverait-il
» pas ses partisans? Lui serait-il si difficile, dans
» une crise réelle ou factice d'écarter la main
» d'une femme, pour reprendre la couronne sur
» la tête d'un enfant? Comment échapperait-on
» à la faiblesse d'une minorité? Serait-ce par
» l'appui de l'Autriche? Mais, sans parler des
» premières années de la révolution, ne se res-
» souvenait-on plus des clameurs que causa sous
» les derniers Rois l'influence autrichienne? La
» France ne verrait-elle pas, dans cet appui,
» l'humiliation d'un joug étranger? N'appellerait-
» elle pas Napoléon même pour la secourir?
» Et si cet homme recouvrait sa puissance, que
» deviendrait la paix de l'Europe et la liberté de la
» France? Quelle garantie espérer de celui qui
» renversait ses propres institutions et sapait

» lui-même les bases de l'édifice politique qu'il
» avait élevé, pour rester au sommet, seul et
» sans frein? »

Ces argumens et beaucoup d'autres retentissaient autour des Souverains et de leurs ministres. Mais c'était dans leurs cabinets mêmes qu'il s'agissait de les faire triompher.

Les commissaires de Napoléon, indépendamment des autres considérations, avaient surtout à faire valoir les immenses ressources qui lui restaient après tant de revers, pour continuer la guerre sur un théâtre moins favorable au nombre et à la composition des armées alliées; son armée, celles du Rhône, d'Italie et du Midi, les garnisons, les levées des départemens fatigués de l'occupation, formaient encore une force imposante : il pouvait tenter la fortune, attendre un événement heureux, traiter par lui-même ou entraîner par une chute plus glorieuse, la ruine des armées étrangères.

Aux considérations militaires, à tous les raisonnemens de la politique se joignirent des motifs secondaires et spécieux, tirés de la précipitation même avec laquelle avait été donnée la déclaration du 31 mars.

Dans le conseil où cette mesure fut arrêtée, la cause de la Régence avait été pour ainsi dire jugée par défaut. Les défenseurs de la Res-

CHAPITRE XXX.

tauration plaidant sans contradicteurs levèrent facilement les objections des juges. Si, dans les affaires privées, il est permis de remettre en question les décisions prises sans débats, et sur un exposé inexact ou incomplet des faits ou des pièces du démêlé, les Souverains n'avaient-ils pas ce droit, dans une contestation où il s'agissait des intérêts, non-seulement de la France, mais de l'Europe, du salut de leurs armées, et du repos de leurs peuples?

Ils remirent en effet la déclaration du 31 mars en délibération. Dans un conseil tenu, la nuit du 5 avril, chez l'empereur Alexandre et auquel furent appelés les membres du Gouvernement provisoire et le nouveau commandant de la Garde nationale, l'Empereur fit agiter en sa présence les deux grandes questions de la Régence et de la Restauration. Malgré la force des argumens employés par le Gouvernement provisoire, le Czar, soit qu'il eût été vivement frappé des raisons développées par les plénipotentiaires de Napoléon, soit qu'il voulût achever de se convaincre, ne paraissait point ébranlé. Le général Dessolles prit la parole et présenta la question sous un nouveau jour, en l'envisageant sous le rapport de sa situation personnelle. Jeune encore, lorsque la révolution éclata, jeté par elle et de bonne heure dans les rangs de l'armée, étranger à la po-

Les Souverains alliés remettent en délibération la déclaration du 31 mars.

litique, il avait, comme ses frères d'armes, combattu vingt ans, non contre les Bourbons, mais contre l'Etranger. La France était délivrée, agrandie, quand Napoléon parut et reculant ses limites au-delà de ses frontières naturelles, assura moins qu'il ne compromit son indépendance. Durant son règne, il n'attaqua point sa puissance, et se borna à se soustraire par la retraite à ce qu'elle avait pour lui d'injuste et d'oppressif. Au point où Napoléon s'était placé lui-même, il regardait comme liées sans retour la cause des Bourbons et celle de la France. Toutefois sans intérêt comme sans passions, il ne prit part à la Restauration que sur la foi des Souverains, contre la volonté desquels le succès lui semblait impossible; l'empereur Alexandre daigna lui confirmer par de nouvelles assurances la déclaration du 31 mars, et c'est plein de confiance qu'il engagea, dans cette entreprise, sa famille et lui-même, à l'exemple de ses amis et d'un grand nombre de ses concitoyens. Si l'intérêt de leurs peuples détermine les Souverains à revenir de la Restauration à la Régence, de si grands intérêts ne peuvent sans doute être balancés par ceux des particuliers; mais il lui reste encore à demander au Czar une grace qu'il espère obtenir de sa justice; c'est un passeport pour lui et sa famille, afin d'aller chercher en quelque coin de l'Europe un asile contre

CHAPITRE XXX.

la vengeance de Napoléon, un refuge contre les maux qui menaçaient sa patrie.

La conclusion de ce discours toucha l'empereur Alexandre. Ce Monarque généreux entrevit toutes les conséquences d'un pas rétrograde dans une révolution déjà si avancée. Au nom des Souverains qui s'en étaient remis à sa décision, il déclara qu'ils ne laisseraient point à la merci de Napoléon ou de sa famille, de braves guerriers et tant de magistrats et de citoyens recomman-mandables, victimes de leur confiance dans la déclaration des Monarques alliés.

En effet, le lendemain matin les commissaires de Napoléon s'étant rendus auprès de lui pour conclure l'arrangement qu'ils s'étaient flattés d'obtenir, le trouvèrent dans des dispositions bien différentes de la veille. Surpris de ce changement, le prince de la Moskowa reproduisait avec véhémence les argumens qui avaient failli triompher à la première audience, lorsqu'un aide-de-camp vint annoncer au Monarque, en lui remettant une dépêche, que le corps du duc de Raguse était passé. Le duc de Vicence, qui comprend le russe, s'écria d'une voix basse et concentrée : *mauvaise nouvelle !* Effectivement l'empereur de Russie après avoir pris lecture de la lettre, dit aux commissaires : « *Messieurs, vous* » *faites valoir beaucoup la volonté de l'armée,* » *mais la connaissez-vous bien? Savez-vous ce qui se*

L'abdication conditionnelle de Napoléon est refusée.

» *passe au camp ? Savez-vous que le corps du duc de*
» *Raguse s'est rangé tout entier du côté des Alliés?* »
Les plénipotentiaires répondirent affirmativement que cela était impossible, et qu'on lui avait fait de faux rapports. « *En ce cas*, ajouta-t-il, » *prenez et lisez* », et il leur remit l'avis du prince de Schwarzenberg, annonçant la défection du corps du duc de Raguse, en exécution de la convention. Ils furent tous interdits. Ce Monarque observa ensuite que cette circonstance changeait l'état de la question et ne laissait à Napoléon que le choix d'une abdication absolue, puis, comme pour tempérer ce que cet arrêt avait de trop dur, il assura les commissaires qu'on lui accorderait pour retraite une principauté indépendante où il lui serait libre d'emmener une partie de sa Garde et ses serviteurs les plus dévoués.

Par cette décision, la cause de la Restauration fut gagnée et celle de la Régence perdue sans retour. Les Maréchaux attérés de cet ultimatum auquel ils étaient loin d'avoir préparé Napoléon, le lui annoncèrent par courrier.

Mais avant son arrivée et immédiatement après la défection du général Souham, l'Empereur convaincu qu'avec une armée réduite par cet événement à moins de 30 mille hommes, il ne pouvait opérer dans les environs de Paris et lutter dans une bataille rangée contre l'excessive supériorité des Alliés, avait arrêté les dispositions suivantes :

Le général Gérard eut ordre de s'emparer, le 6 avril, au point du jour, du pont de Malesherbes, avec la brigade qu'il avait à Ury, et de faire aussitôt défiler son corps sur Puiseaux. Il devait être suivi successivement par les corps des ducs de Tarente et de Reggio, et protégé sur ses flancs par la cavalerie des généraux Defrance, Milhaud et Saint-Germain. Les divisions Friant, Henrion et Roll eurent aussi l'ordre de lever leurs bivouacs le 6, à six heures du matin, pour se diriger vers le même point, sous la protection des trois divisions de cavalerie du comte Ornano. Le comte de Valmy, dont le corps bordait le Loing, aux environs de Nemours, reçut l'avis de ce mouvement, avec injonction de se porter le lendemain à Péthiviers et de se rallier à l'armée, dans le cas où elle serait obligée de combattre. Le corps du duc de Trévise et les divisions Roussel et Leval n'auraient quitté les bords de l'Essonne que le 7 à midi, pour se replier sur Fontainebleau, masquant ainsi pendant toute la journée la marche du gros de l'armée et du grand parc qui devait le suivre.

Dispositions de Napoléon pour se retirer sur la Loire.

Ces dispositions tardives n'eussent pas été exécutées sans obstacle. En effet, les Alliés étendaient leur droite vers la route d'Orléans. Péthiviers, situé sur cette route, défendu par 150 hommes d'infanterie légère, venait d'être emporté de vive force et livré au pillage, après un combat opiniâtre; le comte de Valmy l'eût trouvé occupé par un parti considérable; d'un autre côté, les troupes légères du général Kaisarow, au nombre de 12 à 1,500 chevaux, avaient passé le Loing, pillé Soupe et se dirigeaient sur Puiseaux, lorsque la brigade de dragons Rigaud accourue de Nemours les contint. Enfin, le général Tettenborn avait aussi forcé le général Alix, après un combat non moins honorable pour les armes françaises que celui du mois de février, de quitter Sens et de se retirer à Villeneuve. L'armée de Napoléon eût donc été harcelée dans sa marche sur la Loire, par tous ces détachemens qui eussent attiré sur elle les corps les plus voisins de l'armée des Alliés; mais les nouvelles de Paris suspendirent de bonne heure, dans la journée du 6, l'exécution de ce mouvement.

Ce projet de retraite est suspendu.

Situation inté^{re} de l'armée.

Dans la matinée du même jour, l'abdication conditionnelle devint le sujet des entretiens de l'armée, qui ne savait pas qu'en cet instant même Napoléon n'eût plus à opter qu'entre la guerre ou l'abdication absolue. Mais la Régence elle-même changeait la position des soldats: ils perdaient leur chef et ne savaient pas ce qu'ils avaient à redouter pour la patrie. Un grand nombre instruit par les papiers publics ou par des

CHAPITRE XXX.

lettres particulières de l'état des affaires dans la capitale, regardait la guerre civile comme inévitable, et songeait aux moyens de s'y soustraire eux et leurs familles. L'armée était dans un abattement difficile à exprimer, et une foule d'officiers couvraient la grande route venant de Paris pour se réunir à leurs camarades, ou de l'armée à Paris pour y traiter de leurs intérêts. Les généraux même paraissaient ébranlés : ceux qui se croyaient obligés à demeurer fidèles à l'Empereur, ne se croyaient pas astreints à servir sous la Régence. Un officier général qui, peu d'heures auparavant, avait publié un ordre du jour plein d'énergie, sur la défection du duc de Raguse, voulait partir et ne resta jusqu'au lendemain à son poste, qu'en cédant aux instances de ses camarades.

Le prince de la Moskowa et le duc de Vicence s'arrêtèrent à Chévilly pour conclure avec le prince de Schwarzenberg un armistice nécessaire pendant le reste des négociations, et le duc de Tarente se chargea d'annoncer à Napoléon l'issue de leur mission auprès des Souverains alliés. Il arriva vers 11 heures du soir et eut une très-longue conférence avec lui. En sortant de son cabinet, et pour satisfaire la juste impatience des autres Maréchaux, il leur fit le récit exact et succinct, en présence de la foule d'officiers généraux qui remplissait le salon des aides-de-camp de service, de la conduite que le prince de la Moskowa, le duc de Vicence et lui avaient tenue dans cette négociation délicate, sans leur dissimuler que la défection des troupes du duc de Raguse, paraissait avoir été la principale cause du refus de l'abdication conditionnelle de Napoléon.

<small>Constitution du Sénat.</small> Cependant le Gouvernement provisoire, après cette victoire décisive, se hâtait de terminer et de présenter au Sénat le projet de constitution qu'il était chargé de rédiger. Le péril de la veille, la nécessité de raffermir dans leur adhésion les partisans de la Restauration qui réclamaient des garanties, tout porta le Gouvernement à presser sa délibération. Le Sénat s'assembla le 6 avril, et une commission nommée de suite fit son rapport après un examen de quelques heures. Quelques articles furent ajoutés; d'autres éprouvèrent de légers amendemens et la *Constitution française*, telle était son titre, fut ensuite adoptée et signée par les Sénateurs, proclamée et bientôt après insérée au Bulletin des lois.

Cette Constitution renfermait la plupart des garanties et des règles fondamentales qui depuis ont trouvé place dans la *Charte constitutionnelle*; mais elle différait de celle-ci en deux points capitaux.

« Le peuple français, portait l'article 2, appelle » librement au trône de France, *Louis-Stanislas-*

» *Xavier de France*, frère du dernier Roi, et
» après lui les autres membres de la famille des
» Bourbons dans l'ordre ancien. La présente
» Constitution, ajoutait l'article 29, sera soumise
» à l'acceptation du Peuple français, dans la
» forme qui sera réglée. *Louis-Stanislas-Xavier*
» sera proclamé *Roi des Français*, aussitôt qu'il
» aura juré et signé nos actes portant : *J'accepte*
» *la Constitution ; je jure de l'observer et de la*
» *faire observer*. Ce serment sera réitéré dans la
» solennité où il recevra le serment de fidélité
» des Français. »

Ces articles devinrent à l'instant même l'objet de violens débats entre les défenseurs des principes extrêmes et contraires de la souveraineté des peuples et du droit divin et absolu des rois légitimes. Ceux même qui ne s'engageaient pas dans ces doctrines, se divisèrent sur d'autres points. La Constitution devait-elle être octroyée par le Roi, ou consentie comme un pacte social par le Monarque et la Nation ? Le Roi ne l'était-il pas de plein droit, et en vertu des lois fondamentales sur la succession au trône, depuis la mort de son neveu ? Ne le serait-il, au contraire, comme le portait l'article 29, qu'après avoir accepté et juré la Constitution ? En d'autres termes, le droit du Roi avait-il été aboli ou seulement suspendu dans son exercice, par les Gouvernemens de fait ? Telles furent les questions que ces articles firent naître et qui devinrent des sujets de controverse dans les journaux, les pamphlets, les entretiens particuliers. Mais les articles 2 et 29 ne mettaient en discussion que les doctrines. Les articles 5 et 6 jetèrent dans ce litige le Sénat même et les Sénateurs actuels.

L'article 5 maintenait le Sénat comme Chambre haute ; l'article 6 fixait le nombre des Sénateurs à 150 au moins et 200 au plus, en attribuait la nomination au Roi, et rendait leur dignité inamovible et héréditaire, de mâle en mâle, par ordre de primogéniture. Enfin, une disposition transitoire qui terminait l'article 6, faisait des Sénateurs actuels le fond du Sénat constitutionnel, attachait à leurs titres des majorats formels avec la dotation de l'ancien Sénat ou des sénatoreries, et rendait ces titres et ces majorats transmissibles aux premiers nés de leurs héritiers mâles. Cette transition avait été proposée par le Gouvernement provisoire et quelques Sénateurs firent remarquer qu'on pourrait les accuser eux et leurs collègues d'avoir stipulé avec trop de soin leurs intérêts personnels, dans un acte où il s'agissait de statuer sur les grands intérêts de la France ; mais ils cédèrent à des considérations de haute politique. Il s'agissait de lier les nouvelles institutions aux anciennes, pour éviter toute secousse dans l'action

CHAPITRE XXX.

du nouveau Gouvernement; or la conversion en majorats de biens dont ils avaient déjà l'usufruit, n'était qu'une conséquence de ce principe et de la nature même de la Chambre haute dont ils allaient former le noyau : malheureusement cette discussion ne fut pas rendue publique. Les Sénateurs furent accusés d'avoir trop écouté leurs intérêts particuliers, et lorsqu'ils expliquèrent le fait, on les blâma encore de n'avoir pas assez combattu. Plusieurs personnes crurent voir dans la proposition du Gouvernement provisoire, qui peut-être n'en avait point prévu les effets, une sorte de mystification politique. L'esprit de parti saisit avec habileté ce point d'attaque : les journaux, les pamphlets rattachèrent le présent au passé, et dans leurs invectives enveloppant le corps et son ouvrage, se déchaînèrent à l'envi contre le *Sénat* et ce qu'ils appelaient sa *Constitution*.

Pendant que ce corps signait l'acte qui devait entraîner sa chute, la nuit et la réflexion confirmèrent Napoléon dans la résolution qu'il avait manifestée dès la veille au duc de Tarente, d'entamer des négociations sur la base de l'abdication absolue; en conséquence, il rédigeait ses instructions, et les remit à ses plénipotentiaires avec ses pouvoirs le 7 au matin. A son lever, il annonça officiellement l'objet de la nouvelle mission des

Napoléon fait négocier son abdication absolue.

Maréchaux, et ce fut bientôt la nouvelle du quartier-général et de l'armée. Dès ce moment, chacun se crut maître d'abandonner un chef qu'entraînaient les événemens, et de l'imiter en faisant son traité particulier. Les Généraux, que leurs amis pressaient depuis plusieurs jours de venir à Paris, s'y rendirent, ou ne restèrent près de lui que par respect humain, ou pour lui donner une dernière marque d'attachement.

Cependant Napoléon ne prévoyant pas l'effet de sa déclaration, et comptant encore en la révoquant sur son ancien ascendant; peut-être aussi ne cherchant qu'à s'étourdir ou à se convaincre de l'esprit de l'armée par une dernière tentative, manda le duc de Bassano, et s'occupa avec lui d'un projet de jonction avec l'armée d'Italie, immédiatement après le départ des Maréchaux et du duc de Vicence pour Paris.

Revue du 7ᵉ corps. En même temps, il ordonna avec son ton habituel d'autorité, la revue des 2ᵉ et 7ᵉ corps. Le maréchal duc de Reggio reçut cet ordre avec quelque surprise, après l'annonce officielle d'une abdication absolue. Il craignit que dans l'état actuel des choses, cette revue ne produisît une scène affligeante et fâcheuse, et néanmoins il obéit en prenant toutes les précautions que sa prudence lui suggéra, pour éviter un éclat inutile. Les deux corps arrivèrent à midi dans la cour du Cheval-Blanc; ils n'y occupaient massés qu'un très-petit espace : c'étaient les restes de ces armées à la tête desquelles Napoléon avait soumis et dominé l'Europe. Il parut. Ces troupes, composées en partie des vieilles bandes d'Espagne, semblèrent ne se ressouvenir dans son malheur que de sa gloire passée, et le reçurent avec les cris accoutumés. Ce signe non équivoque de leur dévouement, leur air martial et déterminé, déridèrent un instant son front; il les compta, et redevint soucieux.

Immédiatement après la parade, il fit appeler le duc de Reggio dans son cabinet, et lui demanda s'il pouvait être certain du dévouement de son corps d'armée? — *Non, Sire*, répondit le Maréchal, *votre Majesté a abdiqué.* — *Oui, mais sous conditions.* — *Il est vrai, Sire; mais le soldat ne connaît pas ces restrictions politiques.* Napoléon réfléchit un instant et dit : *Eh bien donc, attendons des nouvelles de Paris.*

Toutefois, soit qu'il n'eût pas perdu tout espoir, soit qu'il voulût simplement contre-balancer, dans l'esprit des soldats, l'adresse du Gouvernement provisoire aux armées, qui s'était répandue avec les journaux et les pamphlets de la Capitale, il fit publier son ordre du jour du 4 avril, lequel n'avait pas encore été distribué. Cette pièce renfermait moins une justification de sa conduite, qu'une récrimination virulente contre le Sénat qui avait prononcé sa déchéance, et augmenta l'indignation des officiers et des soldats contre des écrits où traités de rebelles, de brigands, la gloire même de l'armée se trouvait attaquée, et ses exploits mis en problême. Incapable de discerner dans ces feuilles éphémères ce qui était dicté par l'esprit de parti, pleine encore du prestige d'un pouvoir qui s'éclipsait, mais qui de près conservait encore son éclat, l'armée dans ces premiers momens accusait le Sénat et Paris, et trop habituée à concentrer la patrie dans Napoléon, croyait perdre avec lui le salut de la France.

Armistice et ligne de démarcation.

Cependant les négociations entamées et surtout l'exécution de l'armistice, jetaient le soldat dans l'incertitude, et tempéraient ce mouvement d'indignation. Cet armistice devint public. Il partageait la France entre les armées françaises et celles des Alliés. Celles-ci devaient, à partir de l'embouchure de la Seine, occuper la rive droite de cette rivière, et de plus les limites méridionales des départemens de la Seine-Inférieure, de l'Oise, de Seine-et-Oise, de Seine-et-Marne, de l'Yonne, de la Côte-d'Or, de Saône-et-Loire, du Rhône et de l'Isère jusqu'au Mont-Cenis.

En conséquence, le grand quartier-général retourna à Fontainebleau. Mais l'armée continua quelques jours encore d'occuper ses positions.

Tandis qu'elle était agitée de mille impressions diverses, le corps du duc de Raguse donnait à Versailles un nouvel exemple de ces mouvemens subits qui désorganisent en un clin d'œil les armées les mieux disciplinées. Après la rupture des négociations en faveur de la Régence, le duc de Raguse s'était rendu à Versailles, afin d'apprendre du général Souham les motifs et les détails de la détermination des généraux, et assigner des cantonnemens à ses troupes, en vertu de la convention militaire. A son arrivée, il indique une revue pour midi, sur la grande place du Château, et met à l'ordre du jour la proclamation suivante :

Insurrection des troupes du duc de Raguse à Versailles.

« Soldats !

» Depuis trois mois, vous n'avez cessé de com-
» battre, et depuis trois mois les plus glorieux
» succès ont couronné vos efforts; ni les périls,
» ni les fatigues, ni les privations n'ont pu dimi-
» nuer votre zèle, ni refroidir votre amour pour
» la patrie. La patrie reconnaissante vous remer-
» cie par mon organe, et vous saura gré de tout
» ce que vous avez fait pour elle. Mais le moment
» est arrivé, Soldats, où la guerre que vous fai-
» siez est devenue sans but comme sans objet;

» c'est donc pour vous celui du repos. Vous êtes
» les soldats de la patrie: ainsi, c'est l'opinion pu-
» blique que vous devez suivre, et c'est elle qui
» m'a ordonné de vous arracher à des dangers
» désormais inutiles pour conserver votre noble
» sang, que vous saurez répandre encore lorsque
» la voix de la patrie et de l'intérêt public récla-
» mera vos efforts.

» De bons cantonnemens vont vous être assu-
» rés, et mes soins paternels vous feront oublier
» bientôt, j'espère, jusqu'aux fatigues que vous
» avez éprouvées. »

Cette proclamation, en achevant de dissiper les doutes des officiers et des soldats, ne les trouva pas disposés à un changement qui exigeait plus de préparation. Toutefois les plus violens ne firent que se répandre en invectives, sans pousser plus loin l'insubordination, et la troupe s'assembla. Tout-à-coup le bruit circula dans les rangs qu'elle n'était réunie que pour être cernée et désarmée par les Russes, que tous les officiers et soldats allaient être faits prisonniers et conduits au fond de la Sibérie. Soit que ce bruit fût l'effet d'une terreur panique causée par le mystère avec lequel le corps d'armée avait été conduit à Versailles; soit, comme on l'a dit depuis, qu'il eût été semé par des officiers mécontens de cette défection, ou piqués de n'avoir pas été mis dans le secret, l'alarme se répandit dans toute la masse avec la rapidité de l'éclair, et des transports de rage éclatèrent à l'instant. Des officiers brisent leurs épées et s'arrachent les épaulettes ; des soldats jettent leurs armes, d'autres jurent de mourir plutôt que de les rendre. Les cris et la confusion des rangs ajoutent au désordre : les généraux accourent ; ils essaient de dissiper ces vaines terreurs ; des voix les accusent d'être les auteurs du mal imaginaire. Cent coups de fusil partent contre eux, et ils échappent avec peine. Les corps sans guides, sourds à la voix des officiers supérieurs, se débandent, se dispersent, errent par pelotons dans la ville et dans le parc ; le plus grand nombre se réunit enfin près de la pièce des Suisses ; on parle de retourner à Fontainebleau. L'autorité d'un chef, d'un sous-officier, une harangue, un cri peut-être eût entraîné la masse incertaine et flottante. Ce premier mobile ne se trouva point. Des officiers supérieurs, investis de la confiance des soldats, envoyés par le Maréchal, les désabusèrent, les calmèrent, leur remirent l'esprit, rétablirent les cadres, les conduisirent à Mantes, d'où ils furent distribués dans leurs cantonnemens.

A Paris, le prince de la Moskowa et les ducs de Tarente et de Vicence reprirent auprès des

Négociations relatives à l'abdication

absolue de Napoléon.

Souverains, leurs négociations sur la base de l'abdication absolue. Ils n'étaient plus les plénipotentiaires de l'Empereur déchu, mais du nouveau souverain d'une principauté qu'il s'agissait de désigner. Napoléon avait choisi l'île d'Elbe; cette île que ses mines de fer rendaient plus fameuse dans les annales de l'industrie que dans celles de la politique, offrait un territoire borné, mais isolé à la fois, et voisin de l'Europe; protégé par la mer et les forteresses de Porto-Ferrajo et Porto-Longone, dont lui-même avait, dans un autre but, augmenté les fortifications.

Elle lui fut accordée; sous les rapports politiques, c'était à ses yeux le point capital, et le reste de la négociation ne roula plus que sur des questions d'intérêt privé; mais cet intérêt devenait principal, si ce n'est pour lui, du moins pour le Roi de Rome, l'Impératrice, et les membres de sa nombreuse famille. Le nombre et les différences de ces stipulations particulières, prolongea jusqu'au 11 avril la signature du traité secret qui terminait ces arrangemens, et accomplissait les conditions sous lesquelles il avait consenti à son abdication absolue.

Actes du Gouvernem. provisoire.

Mais dès le 7 avril, à Paris comme à Fontainebleau, cette abdication fut considérée comme définitive et sans retour, et du consentement des

Souverains, sans protestation des négociateurs, le Gouvernement provisoire prit un arrêté portant : « Que les arrêts, les jugemens, les actes
» de notaire et tout autre qu'il avait fallu depuis
» plusieurs années rendre au nom du Gouver-
» nement alors subsistant et *maintenant détruit*,
» seraient, jusqu'à l'arrivée et l'installation de
» *S. M. le roi Louis XVIII*, intitulés au nom
» du Gouvernement provisoire. »

Dans la journée du 8 avril, le Gouvernement provisoire, complétant la mesure prise la veille sur l'intitulé des jugemens et des actes authentiques, fit, par un nouvel arrêté, « connaître à toutes
» les autorités, que tout ce qui avait ou aurait été
» fait au nom ou par ordre de *Napoléon Bona-*
» *parte*, postérieurement à la déchéance pro-
» noncée par le Sénat, était nul et devait être
» considéré comme non avenu. »

D'autres arrêtés du même jour et du lendemain achevèrent d'ôter à Napoléon, à la Régence et à leurs agens, tout moyen de disposer des fonds ou autres ressources de l'état ou des communes, et de faire aucun autre exercice de la puissance publique.

L'abdication pure et simple de l'Empereur était connue à Paris, depuis le soir du 7 avril, et dans la soirée du 8, on savait que sa condition future avait été réglée selon ses désirs. Cette condition devenait d'ailleurs étrangère à la France. Rien ne paraissait plus s'opposer à ce que la Garde nationale prît la cocarde blanche. Toutefois, son commandant en chef, maître encore de différer un ou deux jours, voulut s'assurer d'abord de la disposition des esprits.

<small>La Garde parisienne prend la cocarde blanche.</small>

Les adjudans-commandans et chefs de légions, se réunirent dans la matinée du 9 avril, et vinrent faire part de leurs intentions au chef d'état-major, qui jusque-là s'était abstenu de prendre aucune part à la révolution; car celle qu'il avait eue au détail des affaires militaires jusqu'au 30 mars, toute faible et secondaire qu'elle eût été, lui avait fait éviter jusqu'à l'apparence d'un abus de confiance ou d'une infraction à ses engagemens. L'abdication le dégageait. Loin de conserver aucune prévention personnelle contre les Bourbons, il avait fait sous l'Empereur, un libre éloge de leurs aïeux (1). Il se rendit sans hésiter à l'invitation des colonels, les félicita d'être arrivés, en conservant l'union, à l'instant où leur vœu politique pouvait être unanime, comme leurs efforts pour le maintien de la tranquillité, et alla prendre de suite les ordres et les ins-

---

(1) Histoire du Corps du Génie. 1808. — Règnes de Henri IV, Louis XIII et Louis XIV.

tructions du général Dessolles qui transmit le soir même aux chefs de légion un ordre du jour commençant ainsi :

« Le Gouvernement provisoire de France or-
» donne à la Garde nationale de prendre la co-
» carde blanche, qui *redevient*, dès ce moment,
» la cocarde *nationale* et le signe de ralliement
» des Français. »

Le lendemain de grand matin, des gardes nationaux se plaignirent au chef d'état-major de ce qu'en les forçant de quitter la cocarde tricolore pour arborer celle des Bourbons, et cherchant à leur faire accroire qu'ils reprenaient la cocarde nationale, on s'ôtait les moyens de ramener l'armée. Le chef d'état-major répondit en peu de mots, que l'armée ne séparerait pas sa cause de celle de la Nation ; et qu'un signe, quel qu'il fût, serait d'ailleurs tout seul un faible gage d'affection et de fidélité. Quant aux expressions de l'ordre du jour, il se borna, pour les justifier, à citer plusieurs passages d'historiens ou d'érudits du siècle des Valois, prouvant que les lis étaient l'emblème de la France, et la couleur blanche celle des Français et des Gaulois leurs aïeux (1).

---

(1) Voyez entr'autres Rabelais, dans *Gargantua*, liv. 1er, ch. X. *De ce qu'est signifié par les couleurs blanc et bleu.*

Cet incident fut le seul ; on vit le jour même les gardes nationaux sortir de tous côtés avec la cocarde blanche ; et si l'on aperçut encore quelques cocardes tricolores, elles disparurent bientôt sans contrainte. Ce rare accord entre des soldats-citoyens fut un grand sujet d'étonnement pour les étrangers.

<small>Abdication absolue de Napoléon.</small>

Enfin le 11 avril, le traité qui réglait la condition future de Napoléon et de sa famille ayant été signé, le duc de Tarente et les autres commissaires le lui apportèrent pour être ratifié. L'Empereur en entendit la lecture sans sourciller, et dicta alors au duc de Bassano son abdication en ces termes :

« Les Puissances alliées ayant proclamé que
» l'empereur *Napoléon* était le seul obstacle au
» rétablissement de la paix en Europe, l'empe-
» reur *Napoléon*, fidèle à son serment, déclare
» qu'il renonce pour lui et ses héritiers aux trônes
» de France et d'Italie, parce qu'il n'est aucun
» sacrifice personnel, même celui de la vie, qu'il
» ne soit prêt de faire à l'intérêt de la France. »

Après avoir signé cet acte, Napoléon parut soulagé d'un lourd fardeau, et s'entretint familièrement, en simple citoyen, avec les officiers généraux de sa Cour des suites de la révolution, comme si elle lui avait été étrangère :
« Maintenant que tout est terminé, dit-il, puis-
» que je ne puis rester, ce qui vous convient le
» mieux c'est la famille des Bourbons ; car elle

» ralliera tous les partis. Le Roi recevra la France
» telle qu'on voudra la lui donner; mais je ne
» pouvais la garder autre qu'elle était quand je
» l'ai prise. Il a de l'esprit et des moyens; il est
» âgé et souffrant; il ne voudra pas, je pense,
» attacher son nom à un mauvais règne. S'il fait
» bien, il se mettra dans mon lit, en en changeant
» seulement les draps, car il est bon. Si sa famille
» est sage, vous serez heureux; mais il faut qu'on
» traite bien l'armée; qu'on ne revienne pas sur
» le passé, autrement son règne ne serait pas
» de durée; qu'on se garde surtout de toucher
» aux biens nationaux; c'est la trame sur la-
» quelle repose le tissu : coupez-en un fil, adieu
» l'ouvrage.

» Le Roi aura beaucoup à faire avec le fau-
» bourg Saint-Germain. S'il veut régner long-
» temps, il faut qu'il le tienne dans un état
» de blocus : il est vrai qu'alors il n'en sera pas
» plus aimé que moi; car c'est une colonie an-
» glaise au milieu de la France, qui veut rappor-
» ter tout à elle, et s'inquiète fort peu du repos
» et du bonheur de la patrie, pourvu qu'elle
» jouisse des priviléges, des honneurs et de la
» fortune, pour lesquels seule, à ce qu'elle pré-
» tend, elle a été créée et mise au monde.

» Si j'étais de Louis XVIII, je ne conserverais
» pas ma garde : il n'y a que moi qui puisse la
» mener, et puis je l'ai trop bien traitée pour

» qu'elle ne me conserve pas son affection ; je
» la licencierais, en donnant de bonnes retraites
» aux vieux officiers et soldats et de l'avance-
» ment dans la ligne à ceux qui voudraient en-
» core servir. Je me formerais ensuite une autre
» garde tirée de l'armée. »

Il se promenait lentement en tenant ce discours ; tout-à-coup il s'arrêta, et regardant fixe-
ment les officiers généraux qui formaient cercle
autour de lui, il ajouta : « Messieurs, dès que
» je ne reste plus avec vous et que vous avez un
» autre Gouvernement, il faut vous y attacher
» franchement et le servir aussi bien que vous
» m'avez servi. Je vous y engage et vous l'or-
» donne même ; ainsi, ceux qui désirent aller à
» Paris avant que je parte, sont libres de s'y ren-
» dre ; ceux qui veulent rester feront bien d'en-
» voyer leur adhésion. »

Adhésion de la grande armée aux actes du Gouvern. provisoire. Conformément à cette invitation, le prince de Neuchâtel crut devoir ne plus différer à envoyer l'adhésion de l'armée aux actes du Gouvernement provisoire. « L'armée essentiellement obéissante,
» écrivit-il, n'a pas délibéré ; elle a manifesté son
» adhésion quand son devoir le lui a permis. Fi-
» dèle à son serment, elle sera fidèle au Prince
» que la Nation française rappelle au trône de ses
» ancêtres. »

Dès-lors Napoléon ne s'occupa plus que de son départ ; toutefois il fut encore retardé jusqu'au

20, à cause d'une indisposition. On l'accusa de vouloir attendre les événemens et de flotter entre des regrets tardifs, des projets qu'il avait rendus lui-même impossibles, et la crainte ou le pressentiment des dangers qui l'attendaient sur la route.

Assez d'ouvrages historiques ont décrit ses adieux à la Garde, son voyage à travers la France, et son arrivée à l'île d'Elbe. Dans ses adieux, le baiser de l'aigle parut théâtral, et néanmoins il fit impression sur les soldats peu accoutumés à ces scènes.

Tandis qu'on publiait à Paris l'acte d'abdication de Napoléon et l'adhésion de l'armée à la Restauration, on annonçait l'arrivée de *Monsieur*, frère du Roi.

Dès la soirée du 11, des détachemens pris dans toutes les légions de la garde parisienne pour former la garde du Prince, se rendirent à Bondy. Il fit son entrée solennelle le lendemain dans la capitale. Les étrangers ne parurent point à cette cérémonie; la Garde nationale seule bordait la haie et formait le cortége : le concours était immense, et la joie éclatait sur tous les visages. Dès-lors on put juger que la cause des Bourbons était gagnée dans tous les cœurs. Cet arbre antique reprenait son feuillage et ses fleurs; il ne manquait plus que de sages institutions pour lui rendre un sol ferme et des

Arrivée de Monsieur à Paris.

racines. Ces impressions se fortifièrent, lorsqu'on répandit dans le public ces mots de la réponse du Prince au discours du Gouvernement provisoire: « Plus de divisions, la paix et la France ! » Je la revois, et rien n'est changé, si ce n'est » qu'il y a un Français de plus. »

Le Sénat confère à Monsieur le titre de lieutenant-général du royaume.

Deux jours après son arrivée, par décret du 14 avril, « le Sénat défére le gouvernement provisoire de France à S. A. R. Monseigneur le » comte d'Artois, sous le titre de Lieutenant- » général du royaume, en attendant que Louis- » Stanislas-Xavier de France, rappelé au trône » des Français, ait accepté la charte constitu- » tionnelle. »

Le Sénat en corps présenta ce décret au Prince, qui répondit n'avoir pas reçu du Roi le pouvoir d'accepter la Constitution ; mais qu'il ne craignait pas d'être désavoué, en assurant en son nom qu'il en admettait les bases, dont il fit ensuite l'énumération. Elles comprenaient effectivement, suivant ses propres expressions « toutes celles » qui étaient essentielles et nécessaires pour » consacrer tous les devoirs, assurer toutes les » existences et garantir notre avenir. »

Le Prince remercia ensuite le Sénat de la part qu'il avait eue à la Restauration ; et si cette réponse ne satisfit pas à tous les vœux, elle rassura du moins, dans les points capitaux, les amis de la monarchie constitutionnelle.

Le 16, le Lieutenant-général du Royaume forma son conseil de gouvernement en ajoutant trois membres et un secrétaire aux cinq membres du gouvernement provisoire : les nouveaux élus furent les maréchaux de Conegliano, de Reggio et le général Dessolles. Le baron de Vitrolles fut nommé secrétaire en récompense des services qu'il avait rendus, et des dangers qu'il avait courus dans ses missions auprès des Souverains.

Dès ce moment, le Gouvernement du Roi fut établi. Nous parlerons de ses actes, quand nous aurons décrit en peu de mots les derniers exploits et la soumission des armées secondaires.

CHAPITRE XXXI.

Dernières Opérations militaires en Belgique. — Combat de Courtray. — Armistice. — Opérations dans la rivière de Gênes. — Evacuation de cette ville. — Opérations sur le Taro. — Armistice. — L'armée d'Italie rentre en France. — Opérations du corps du Rhône. — Armistice. — Opérations des armées du Midi. — Bataille de Toulouse. — Rentrée en France de l'armée d'Aragon. — Armistice. — Marche du général Decaen sur Libourne. — Armistice.

> (Consultez pour les marches la Carte des Ponts et Chaussées de l'Empire ; et pour les positions, les feuilles de Ferraris, n° VII; de Cassini, n° 38; de Bacler d'Albe, n° XVII. Consultez aussi le Plan dressé pour l'intelligence de la bataille de Toulouse.)

LES grandes armées avaient déposé les armes et goûtaient déjà le repos dans leurs cantonnemens, que les hostilités continuaient encore aux armées secondaires, non instruites de la chute de Napoléon. Avant d'aller plus loin, il est donc nécessaire de jeter un coup-d'œil rapide sur

CHAPITRE XXXI. 617

leurs dernières opérations, et de dire comment les corps du Nord, de l'Est et du Midi, en adhérant au rappel de Louis XVIII, donnèrent à la France et à l'Europe, une nouvelle preuve de leur patriotisme et de leur respect pour les volontés de la Nation.

Le chapitre XX nous a montré le comte Maison concentré sous les remparts de Lille, attendant l'occasion d'opérer à Gand sa jonction avec la division Roguet. La tentative que le duc de Weymar venait de faire sur Maubeuge avec la majeure partie de ses forces, favorisant son dessein, il annonça hautement qu'il allait faire lever le blocus de cette place; mais plein de confiance dans les talens militaires du colonel Schouller et dans l'énergie des habitans, il disposa tout pour l'autre expédition.

Dernières opérations de l'armée française en Belgique.

La journée du 24 mars fut employée à compléter les munitions des troupes, et à terminer l'équipage de pont dont on ne pouvait se passer pour exécuter, en face de l'ennemi supérieur en nombre, une marche de flanc le long de la Lys, où l'on n'avait aucun passage.

Le 25 à 4 heures du matin, l'armée composée des divisions Barrois et Solignac, formant ensemble 6,000 hommes de pied, et de 1,100 chevaux aux ordres du général Castex, avec un train de 20 bouches à feu, se mit en mouvement, culbuta les partisans du major Hellwig, qui occupaient Menin et entra dans Courtray. De là pour mieux tromper l'ennemi, en lui persuadant qu'il se proposait de marcher sur l'Escaut, le comte Maison le fit poursuivre 12 à 15 kilomètres sur la route d'Oudenarde, et après avoir laissé prendre quelques heures de repos à ses troupes, détacha une partie de sa cavalerie, la brigade du général Penne et l'artillerie légère, à Pelleghem.

<small>Prise de Gand par les Français.</small> Le lendemain avant le jour, il se mit en marche sur Gand. Cette place était occupée par un pulk de cosaques que commandait le colonel Bihalow, et par le noyau d'un régiment d'insurgés belges, aux ordres du colonel de Polis. Les avant-postes ennemis qui tenaient Deynse, se replièrent après avoir été fort maltraités, et vers trois heures de l'après-midi, l'armée arriva devant les murs de Gand, dont les portes étaient fermées et défendues par de l'artillerie et quelques troupes à pied. Les assaillir, les chasser et s'emparer de leur canon, fut pour l'infanterie du général Penne l'affaire d'un moment. Un escadron de cosaques voulut reprendre les pièces; mais il fut sabré, mis en déroute par les lanciers français, et poussé en désordre sur la route de Melle. L'ennemi perdit dans cet engagement une centaine de cosaques faits prisonniers, ainsi que le colonel de Polis et une douzaine d'officiers formant le cadre de son corps. Dès que les Français furent maîtres de Gand, sur l'avis que des

coureurs russes se montraient aux environs de Lokeren, le comte Maison détacha le colonel Villatte avec 50 lanciers et une compagnie de voltigeurs portée sur des voitures du pays, afin d'ouvrir la communication avec Anvers. Le commandant du détachement était porteur d'ordres pour le gouverneur de cette place, et d'instructions pour le comte Roguet, auquel il était prescrit de passer l'Escaut et de s'établir sur la route d'Alost, comme s'il devait marcher sur Bruxelles.

Ce mouvement s'exécuta le 27 au gré du comte Maison, qui se renforça ainsi de 4,000 fantassins, 250 chevaux et 14 bouches à feu, et recueillit à loisir dans la ville de Gand des approvisionnemens de toute espèce, et des fonds assez considérables pour acquitter à la troupe une partie de sa solde arriérée.

Tandis que tout réussissait aux Français, l'indécision et la timidité présidaient aux opérations des Alliés. Au premier bruit de leur excursion en Belgique, le baron Thielman s'empara de Courtray sur leurs derrières; mais s'estimant sans doute trop faible pour leur couper la retraite, il regagna bientôt Tournay, où vinrent le renforcer sept bataillons et quelques escadrons. De son côté, le duc de Saxe-Weymar, persuadé que son adversaire n'en voulait qu'à Bruxelles, donna l'ordre au comte de Walmoden, détaché du corps du prince royal de Suède, de se porter de Louvain à Alost, afin de couvrir cette capitale avec sa division forte de 7 à 8 mille hommes.

Quoique le général Maison eût rempli l'objet de son expédition, il n'était pas entièrement hors de danger. Il s'agissait maintenant de rentrer à Lille, chose assez difficile à la vue des corps alliés arrivant de toutes parts pour lui couper la retraite. L'on pense généralement que le Prince en faisant un meilleur emploi de ses forces, l'eût placé, sans efforts, dans un grand embarras. En effet, si d'un côté le baron Thielman était venu lui couper la route de Courtray en se plaçant entre la Lys et l'Escaut avec ses 15 bataillons et ses 800 chevaux ; que de l'autre, le comte de Walmoden fût venu prendre poste avec sa division dans le rentrant formé par l'Escaut vers Oudenarde, tandis que sir Graham eût détaché 4 à 5 mille hommes sur la gauche de cette rivière pour intercepter toute communication avec Anvers, le corps français, coupé de sa base d'opérations, eût été contraint de se réfugier dans les places maritimes, et d'abandonner à leurs propres forces les places désarmées, et pour ainsi dire, sans défense des départemens du Nord et du Pas-de-Calais.

Le prince Bernard ne fit rien de tout cela. Induit en erreur par les démonstrations de son adversaire et tremblant pour Bruxelles, il réunit à Alost 12 bataillons et 7 escadrons avec 30 pièces de canon, résolu à l'attaquer de front, tandis que le baron Thielman, son lieutenant, inquiéterait d'Oudenarde son flanc gauche; et, comme s'il eût craint pendant cette opération, une nouvelle sortie des places de Condé, Valenciennes et Lille, où il n'était resté que des éclopés pour fermer les portes, il mit une garnison de 2,000 hommes à Tournay, laissa un détachement de pareille force à Leuze, fit appuyer à gauche le cordon d'observation de Condé à Valenciennes après l'avoir renforcé, et se contenta de garder Courtray, Haerlebeck et Deynse avec les partisans de Puckler.

Le 30 mars, deux heures avant le jour, les Français se retirèrent de Gand sur deux colonnes. Le général Solignac, avec sa division et une brigade de cavalerie, suivit la route qui longe la rive gauche de l'Escaut, afin de s'emparer de Pelleghem, en face d'Oudenarde; le gros du corps prit celle qui mène directement à Courtray par la rive droite de la Lys. Son avant-garde délogea sans peine de Deynse les avant-postes du major Puckler, et l'armée arriva à Courtray sans obstacles.

Combat de Courtray.

Informé de ce mouvement, le général Thielman rappela à la hâte tous ses détachemens, et, après avoir donné l'ordre aux généraux Walmoden et Gablentz de venir le remplacer à Oudenarde, et de se tenir prêts à le soutenir, se porta, par une marche de nuit, à Awelghem, plein d'espoir d'entamer l'arrière-garde française. A six heures du matin, les Saxons attaquent le poste de Sweweghem qui se retire en combattant sur Courtray. Ce début paraissant d'heureux augure au baron Thielman, il débouche du village, et s'avance en bon ordre contre la ville, en même temps qu'il détache les partisans de Hellwig à Pelleghem, pour protéger sa gauche. Le comte Maison sans s'étonner, fait sortir de Courtray une batterie, avec laquelle il engage une canonnade, pendant que ses troupes se formaient et qu'il reconnaissait les forces et la disposition de l'ennemi. S'étant assuré qu'il ne débouchait que par la route d'Oudenarde, il prescrivit aux généraux Solignac et Barrois de déborder les extrémités de la ligne saxonne, comme pour l'envelopper; cette manœuvre qu'autorise sa supériorité en nombre, est exécutée avec précision. Le général Thielman effrayé veut battre en retraite; mais il est trop tard : au centre, la division Roguet, ayant le 10e régiment de tirailleurs en tête, s'avance en colonne au pas de charge sur la chaussée, enfonce et disperse tout ce qui s'oppose à son passage, et pousse les Saxons en désordre au-delà d'Awelghem où un bataillon adossé à un mur, est forcé de mettre bas les armes. Le général Daudenaerde, à la tête des chasseurs à cheval, prend en flanc les cuirassiers qui s'efforçaient d'arrêter l'infanterie, les rompt et en sabre un grand nombre; avant deux heures, l'affaire fut décidée, et les Saxons fuyaient de tous côtés. Le général Dariule les poursuivit avec un bataillon et quelques pièces d'artillerie jusqu'au pont de . . . . ., qui fut jonché de leurs cadavres.

Trois pièces de six attelées, 8 à 900 hommes tués ou prisonniers, telles furent pour le général Thielman les pertes résultant du combat intempestif qu'il venait de livrer à l'armée française. Avec un peu de réflexion il se serait aperçu qu'il avait laissé échapper l'occasion d'entamer son adversaire, et qu'en cas de réussite, ses forces n'étaient pas assez considérables pour lui fermer le retour sur Lille, vu le peu de distance de cette place au lieu où le combat fut livré.

Après avoir pris quelques heures de repos, et laissé à Awelghem la division Barrois, pour observer le général Thielman, l'armée française continua sa route, sur Tournay. Le général Solignac qui formait l'avant-garde, ayant replié tous les postes ennemis sous les remparts de cette place, le comte Maison crut pouvoir tenter un coup de main, et donna l'ordre aux troupes d'accélérer leur marche. La cavalerie força les tirailleurs ennemis de rentrer dans la ville, et

Tentative des Français sur Tournay.

l'artillerie fut sur-le-champ mise en position. Son feu continua sans interruption jusqu'à dix heures du soir, et causa quelque dégât. Le général Maison se disposait le lendemain à renouveler son attaque; mais instruit que la garnison, déjà forte de quatre bataillons, avait été renforcée pendant la nuit de la brigade Gablentz et du détachement du colonel Thumen, il jugea à propos d'opérer sa retraite sur Lille, où la division Barrois était déjà rentrée.

Cependant les Suédois ayant relevé la brigade prussienne de Gablentz, au blocus d'Anvers, le prince de Saxe-Weymar par l'entrée en ligne de cette brigade, d'une brigade de milice saxonne, de la division hanovrienne de Walmoden, et d'autres détachemens, disposa d'environ 40 bataillons, 30 escadrons, et de 56 bouches à feu; alors il manifesta l'intention d'empêcher le général Maison de faire de nouvelles courses en Belgique, et de le harceler même s'il cherchait à rejoindre l'Empereur en France; plaça le général Thielman à Tournay avec 11 bataillons, 4 escadrons et demi, les partisans de Hellwig, et 16 pièces de canon; établit 14 bataillons, 4 escadrons et 14 pièces de canon avec 2 régimens de cosaques sous le général Lecoq à Mons; cantonna une réserve de 7 bataillons, 6 escadrons et 26 bouches à feu à Ath, et une autre de pareille force à Lessines, sous le lieutenant-général Walmoden.

Le comte Maison, peu intimidé par ces dispositions, se préparait néanmoins à rentrer en Belgique, où un grand nombre de citoyens, excédés des mauvais traitemens et des prétentions des Alliés, l'appelaient à grands cris et lui promettaient secours et assistance; mais avant de commencer une nouvelle expédition, il voulut ravitailler Maubeuge, et alla dans cette vue coucher le 4 avril à Orchies, d'où il prit le lendemain le chemin de Valenciennes.

A son arrivée sous les murs de cette place, il apprit les changemens survenus dans le Gouvernement, et ces nouvelles le déterminèrent à retourner à Lille. Après avoir laissé la brigade Penne à Valenciennes, il revint par Bouchain et Douai, où il laissa aussi quelques bataillons de renfort, et rentra à Lille le 6 avril.

Le 7, les généraux en chef conclurent un armistice indéfini, et arrêtèrent la ligne de démarcation de territoire que devaient occuper les deux armées.

<small>Conclusion d'un armistice et adhésion de l'armée.</small>

Mais pendant que le comte Maison s'occupait des conditions de la suspension d'armes, la malveillance s'agitait sourdement pour porter les soldats à la licence et au désordre; les événemens extraordinaires qui venaient de changer la face de la France, non encore officiellement annoncés aux troupes, leur avaient été communiqués, et servaient de prétexte à la désertion qui commença à se manifester. Convaincu qu'en tout état de chose, mais surtout dans les crises politiques, une nation gagne toujours à conserver une bonne armée, le comte Maison adressa à ses soldats une proclamation brillante d'honneur et de loyauté, où, après avoir fait un appel à leur patriotisme, il leur annonçait la nouvelle position de la France, et les déclarait dégagés de leurs sermens par l'abdication de Napoléon. Cette adresse fut suivie de l'acte d'adhésion qu'on envoya à Paris le jour suivant, revêtu de la signature de tous les officiers généraux et des chefs des corps.

Insurrection des troupes à Lille.

Par un malheur trop ordinaire dans les révolutions, le Gouvernement provisoire venait de permettre à toutes les dernières levées de rentrer dans leurs foyers, sans déterminer en même temps le mode légal d'exécution de cette espèce de licenciement. Le désordre fut alors à son comble; la désertion ne connut plus de bornes; des individus du pays, poussés par le génie du mal, profitaient de l'effervescence momentanée des esprits pour les porter au plus haut degré d'exaltation, afin de les faire servir ensuite d'instrumens à leurs projets subversifs. Le général sentant la nécessité de mettre un terme à tous ces excès, et néanmoins voulant paraître encore excuser un premier mouvement, fit placarder sur tous les murs une exhortation paternelle aux soldats; mais la rumeur continuant, l'autorité des officiers étant méprisée ou méconnue, et de coupables excès ayant été commis, il jugea urgent de déployer de la sévérité, monta à cheval, mit les troupes sous les armes et leur reprocha leur conduite:

« Soldats, leur dit-il, j'ai cherché à vous rame-
» ner à vos devoirs; aujourd'hui le temps de l'in-
» dulgence est passé.

» J'ordonne que les pièces de la citadelle soient
» braquées sur la porte de la Barre; que d'autres
» soient placées à celle de Paris; que le fort
» St.-Sauveur soit gardé par des soldats fidèles à
» l'honneur; que les pièces qui le défendent
» soient tournées sur la route de Paris; que les
» canonniers soient à leurs postes; que les postes
» des portes soient renforcés, et qu'on fasse feu
» sur tout attroupement de soldats mutinés. »

Ces menaces ramenèrent le calme peu-à-peu; les têtes se refroidirent, et les soldats, convaincus que leur général n'exprimait pas d'autres sentimens que ceux de la nation, revinrent d'eux-mêmes à l'obéissance. Bientôt même ils quittèrent sans murmure, quoiqu'avec regret, la cocarde tricolore, et donnèrent par cet acte une preuve de leur respect pour les volontés du Gouvernement.

Opérations dans la rivière de Gênes.

Tandis que ces choses se passaient sur les frontières de la Belgique, en Italie, la deuxième division de l'expédition anglo-sicilienne ayant pris terre à Lerici, dans la rivière de Gênes, lord Bentinck, en même temps qu'il poussait le siége du fort Sainte-Marie, se mit en marche sur Gênes le long de la côte; mais il fut bientôt arrêté à Sestri-di-Levante, où le général Rouyer-St.-Victor, avec environ 2,500 hommes provenant des postes évacués et de quelques renforts tirés de Gênes, avait pris position dès le 28 mars.

Le fort de Sainte-Marie ayant succombé le 1er avril après un bombardement de quatre jours, lord Bentinck, maître du golfe de la Spezzia et de la vallée de la Magra par laquelle il pouvait être renforcé des Napolitains, et prévenu qu'une division de l'armée de sir Clinton devait arriver incessamment d'Espagne où elle n'était plus nécessaire, crut pouvoir attaquer le 7 les Français en avant de Chiavari. Le combat fut opiniâtre, et les conscrits de la réserve, à peine réunis depuis six semaines et mal armés, se comportèrent avec tout l'aplomb de vieux soldats; mais le général français, continuellement inquiété par le mouvement des embarcations ennemies sur la côte, et par les insurrections sur ses derrières dans la vallée de Fontana-Buona, se décida à se retirer en arrière de Rapallo, où il fut relevé par le général Pégot, officier plein d'activité,

CHAPITRE XXXI. 629

plus capable de conduire cette guerre de chicane que son prédécesseur, dont l'âge et les longs services avaient usé l'ardeur. Celui-ci porta sa petite troupe dans la nuit du 10 au 11 à Montefaccio, s'y maintint toute la journée du 12 contre les attaques du général Montrésors, et se retira pendant la nuit derrière la Sturla, sur les hauteurs d'Albaro.

Cependant l'amiral Pelew étant venu mouiller près de Nervi avec 9 vaisseaux de ligne, 7 frégates et une douzaine de bâtimens légers, le trouble et la consternation se répandirent dans Gênes où des émissaires anglais soufflaient le feu de l'insurrection depuis trois mois. Le général Frezia presque sans moyens matériels de défense, et n'exerçant plus qu'une puissance morale sans ressorts sur des citoyens leurrés de l'espoir de recouvrer bientôt leur indépendance, prit les mesures de sûreté que l'état fâcheux des affaires commandait, et arrêta en même temps le dispositif de défense. Les troupes qui n'étaient pas indispensablement nécessaires à la garde de la seconde enceinte et des batteries de la côte jusqu'à l'embouchure de la Polcevera, entrèrent en ligne derrière la Sturla, qui fut bordée de cette manière d'environ 3 mille hommes, à partir du fort Richelieu jusqu'à la mer près d'Albaro, garnisons de ce fort et de celui de Sainte-Thècle comprises; le général Callier reçut ordre de venir prendre

Combat de la Sturla.

position à Sestri-di-Ponente avec toutes ses troupes, formant environ 600 hommes, afin d'en protéger la batterie, et empêcher un débarquement à Saint-Pierre d'Arena. Il fut remplacé à Savone par quelques centaines de gardes nationaux du 1er régiment de Toulon qui étaient à Porto-Maurizio.

Les journées du 13, du 14 et du 15, se passèrent en tentatives inutiles de la part des Anglais pour rejeter les Français dans Gênes; mais malheureusement le général Pégot fut mis hors de combat.

Enfin le 17, l'armée anglo-sicilienne, secondée par l'escadre de l'amiral Pelew, fit une attaque générale de la position.

La division Montrésors, soutenue de celle du général Mac Ferlane fut chargée d'attaquer la droite de la position, tandis que deux autres colonnes en assailliraient le centre et la gauche, et que des embarcations feraient une fausse attaque entre Sestri et St.-Pierre d'Arena. Tous les efforts des ennemis, aidés d'une vive canonnade de plusieurs bâtimens de l'escadre, ne purent venir à bout de chasser les Français d'Albaro ; mais le 3e régiment italien parvint à les déloger de la hauteur en face du fort Sainte-Thècle, et à enlever celui-ci de vive force ; alors une partie de ce régiment se porta sur les hauteurs vis-à-vis du fort Richelieu, et l'attaqua de revers, tandis qu'une colonne de Calabrais et de Grecs descendue du Montefaccio, prit poste à mi-côte du mamelon sur lequel il est établi. Sa petite garnison, hors d'état de résister à une attaque de vive force et sur le point d'être enlevée d'escalade, ayant capitulé, le général Piat, de peur de se compromettre, repassa le Bisagno en bon ordre, et se disposa à défendre l'enceinte extérieure de Gênes.

Cependant quelques bombes de l'ennemi étant tombées dans cette ville, augmentèrent la fermentation qui y régnait déjà. L'évêque et le maire, en vue de prévenir une insurrection générale, supplièrent le général Freria de ne pas prolonger une défense qui pouvait ranger les Génois du côté des attaquans, et occasioner la ruine entière de cette ville. Cet officier général considérant la faiblesse et l'épuisement de ses moyens, prévenu d'ailleurs de la cessation des hostilités dans la haute Italie, permit aux magistrats de Gênes de solliciter près lord Bentinck une suspension d'armes; mais le général anglais mieux informé encore que son adversaire de la révolution de Paris, et en prévoyant toutes les suites, ne voulut pas perdre le riche butin qu'il espérait trouver dans les arsenaux de la marine et de l'artillerie de Gênes. La journée du lendemain se passa néanmoins en menaces et en simulacres d'attaques; enfin le 20, la capitulation fut conclue, et la garnison, forte d'environ 4,000 hommes,

Évacuation de Gênes par les Français.

sortit de la place le 21 avec les honneurs de la guerre et 6 pièces d'artillerie seulement, pour se rendre par Savone à Acqui.

<small>Nouveau plan d'opérations des Austro-Napolitains.</small>

Pendant qu'une division d'environ 5 mille conscrits disputait ainsi pied-à-pied le littoral de la rivière de Gênes à l'armée anglo-sicilienne, le roi de Naples et le maréchal de Bellegarde semblaient ne vouloir faire aucun pas en avant, et seraient probablement restés sur les bords du Pô, jusqu'à la signification de l'armistice de Paris, si l'arrivée du général russe Balaschew, dépêché au premier par l'empereur Alexandre, n'avait amené un rapprochement. Dans une conférence qu'il provoqua à Rovere le 7 avril, il fut convenu entre le maréchal autrichien et Joachim, que le corps anglo-sicilien évacuerait la Toscane, pendant que l'armée napolitaine passerait le Taro, s'emparerait de Plaisance et chercherait à franchir le Pô, pour chasser les Français de la Lombardie.

Malgré cette nouvelle convention, Joachim craignant toujours de se compromettre vis-à-vis l'Empereur des Français, ne se mit en mouvement que le 13 avril, quand lord Bentinck touchait aux portes de Gênes.

Cependant le prince Eugène, instruit par le duc de Castiglione et le comte Marchand, des revers que les armées françaises avaient éprouvés dans la France cisalpine, et de la révolu-

CHAPITRE XXXI. 633

tion qui s'en était suivie, refusant d'y ajouter foi et n'osant abandonner l'Italie sans ordres formels de Napoléon, dépêcha près de lui le général comte Danthouard son aide-de-camp, et se disposa en même temps à tenir les Napolitains en échec. A cet effet, il confia le commandement du corps de droite fort de 11 bataillons et de 9 escadrons, au général Maucune, lequel plaça la brigade Soulier à Grugno et Sanguinara avec des postes à Sorugna et Plaisance; celle du général Vandedem à Castel-Guelfo, gardant Nocetto et Borgo-San-Donino avec une réserve de 3 bataillons. Une partie de la cavalerie du général Rambourg fut détachée en cordon le long du Taro; l'autre demeura dans ce dernier bourg.

Pour forcer cette ligne, le roi de Naples donna ordre au régiment de Lusignan de se porter à Grugno, d'y passer la rivière et de se diriger de suite sur Fontanelato. La brigade Gober devait remonter jusqu'à Mondesano et tourner Castel-Guelfo. Les brigades Stharemberg et Senitzer, soutenues par celles du général Eckhard, les hussards de Radetzki et la cavalerie du général Livron, devaient s'avancer de front, et forcer le passage par la grande route. Un parti de 200 chevaux fut envoyé à Pontremoli pour se lier au corps anglo-sicilien.

Le Roi de Naples attaque la ligne du Taro.

Dès que les postes de cavalerie française aperçurent le mouvement de l'ennemi, ils donnèrent l'alarme et se réunirent devant Castel-Guelfo à l'infanterie qui s'y trouvait. Le combat s'engagea avec vivacité, et malgré leur supériorité en nombre, les Autrichiens ne firent aucun progrès. Joachim les fit inutilement soutenir par sa cavalerie et la première brigade de Carascosa ; ce surcroît d'ennemis n'ébranla point les généraux français. Cependant la garnison de Grugno ayant été rejetée par le régiment de Lusignan vers Borgo, le général Maucune ordonna la retraite sur Fiorenzuela. Le lendemain au point du jour, il s'établit derrière la Nura qui couvrait mieux Plaisance, et ne laissa qu'une faible arrière-garde à Ponte-di-Nura.

Le roi de Naples la repoussa le 14 sur la rive gauche, et fit ses dispositions pour franchir cette rivière. Le gros de l'armée devait attaquer de front la position, le régiment de Lusignan en tourner la gauche en la passant à Nuradel, pour se porter à Castel-Groppo, tandis que le colonel Gavenda avec deux bataillons et trois escadrons, tournerait sa droite par Saint-Georges et Radanico. Mais le baron Maucune qui ne se faisait point illusion, pour ne pas consommer des munitions en pure perte, se rapprocha de Plaisance en établissant son corps de bataille à Borghetto, et sa réserve au couvent de San-Lazaro.

Plein de confiance en sa supériorité, le général Stahremberg attaqua le lendemain Borghetto avec 14 bataillons; ses troupes repoussées avec vigueur, eurent un moment d'hésitation dont le général français profita pour faire charger les Autrichiens. Ils furent enfoncés, rejetés sur le pont de la Nura, et poursuivis avec témérité par un bataillon français ramené ensuite sous Borghetto, où le combat continua jusqu'à la nuit. Alors seulement le général Maucune se replia sur San-Lazaro et Radanico, où il laissa son arrière-garde, et reconduisit le reste de son corps sous le canon de Plaisance. Le 16, ces deux postes ayant été enlevés, l'armée austro-napolitaine prit position, la droite à l'anse du Pô, à droite de Groppo, et la gauche à Galiano.

Tel était l'état des choses en Italie, quand le prince Eugène eut avis de l'occupation de Paris par les troupes alliées, de l'abdication de son père et de la suspension d'armes conclue entre le Gouvernement provisoire et les Puissances belligérantes. La tâche de l'armée française en Italie étant achevée, le Prince nomma des commissaires pour traiter avec ceux du maréchal de Bellegarde, de l'évacuation du territoire italien. Les généraux Dode, Zucchi et Neipperg signèrent le 16 avril une convention en vertu de laquelle les places de Venise, Ozoppo et Legnago devaient être remises aux Autrichiens, les troupes françaises repasser les Alpes, et l'armée italienne garder les positions et les forteresses qu'elle occupait.

<small>Armistice et adhésion de l'armée.</small>

L'armée fut alors informée des grands événemens qui venaient de changer la face de la France. Les ordres du Gouvernement provisoire lui furent signifiés; elle était rappelée par la Patrie inondée d'étrangers; accablée de tristesse, elle voila ses aigles encore radieuses, en signe d'obéissance.

Mais avant de se mettre en marche pour rentrer en France, elle fut témoin de l'agonie et des derniers soupirs du royaume d'Italie déchiré par quelques ambitieux, et ce ne fut que dans les premiers jours de mai qu'elle rentra en France sur quatre colonnes. Aucun murmure ne lui échappa durant ce voyage; sensible seulement au sort d'un peuple qui avait partagé avec tant de dévouement sa mauvaise fortune, et prête à le quitter pour jamais, elle jeta du sommet des Alpes un regard douloureux sur cette terre dont l'indépendance n'avait pu être cimentée par les brillans faits d'armes et par le sang d'une génération entière de braves.

Opérations de l'armée de Lyon.

Par suite de la bataille qui avait décidé du sort de Lyon, le corps du Rhône se trouvait, comme nous l'avons dit au chapitre XXII, refoulé derrière l'Isère, entre Valence et Montmeillan; le comte Marchand qui formait la droite de cette nouvelle ligne, jugeant avec raison que le prince Philippe de Hesse-Hombourg tout en poursuivant le duc de Castiglione, dirigerait des forces considérables sur Grenoble, fit occuper en force la grande Chartreuse et plaça le colonel Cubières à Voiron, avec deux bataillons du 18ᵉ léger; puis ayant remarqué qu'à 3 kilomètres de Grenoble, la grande route est resserrée par l'Isère et un rocher inabordable, il fit fortifier ce défilé, et ordonna la construction d'une batterie de vingt pièces sur la rive gauche de la rivière, en sorte qu'il devint entièrement maître de la route.

Le colonel Cubières, contre lequel les Autrichiens venaient d'envoyer de la Tour-du-Pin une colonne de 2,500 hommes, sortit à leur rencontre, et engagea à un myriamètre au-dessus de Voiron, un combat assez vif, qui n'eut aucun résultat; cependant le comte Marchand trouvant sa position hasardée, lui ordonna de se replier sur Voreppe, à l'embranchement des deux routes qui vont de Grenoble à Lyon. *Combat de Voiron.*

Pendant ce temps-là le Maréchal faisait sauter le pont de Romans et brûlait celui de la route de Marseille à Lyon.

Le poste de Voreppe fut attaqué le 3 avril par la division Wimpffen, et après un combat de quelques heures, le colonel Cubières se retira prudemment sur le poste retranché dont nous venons de parler plus haut. *Combat de Voreppe.*

D'un autre côté, le comte de Bubna avait réuni toutes ses forces pour chasser le général Dessaix du poste de la Chavanne. Mais la destruction du pont rendant l'attaque de front presqu'impossible, les Autrichiens remontèrent la rivière jusqu'à Conflans, au confluent de l'Arc et de l'Isère, et les traversèrent sur des radeaux. Le comte Dessaix, après une courte résistance, se retira dans la Maurienne avec deux bataillons, après avoir envoyé le reste des troupes sous le général Serrant, prendre poste à Pontcharra en face du fort Barraux.

La position du général Marchand devint d'autant plus difficile que le gros de l'armée autrichienne arrêté par la rupture des ponts de l'Isère, s'étendit par sa gauche vers Grenoble, sans que le duc de Castiglione fît remonter cette rivière à plus de deux bataillons pour soutenir son lieutenant. Celui-ci convaincu cependant de la force de sa position, se prépara donc à recevoir l'ennemi; mais la veille de l'attaque, fixée au 12 avril, le général Marchand reçut par un parlementaire du prince Emile de Hesse-Darmstadt, la demande d'une entrevue qui lui fut accordée, et dans laquelle il apprit la révolution qui avait suivi la prise de Paris. Dès-lors on convint que chaque parti garderait ses positions respectives.

Armistice et adhésion de l'armée.

Cependant le duc de Castiglione ayant reçu de son côté du Gouvernement provisoire la notification de la déchéance de Napoléon, se hâta de conclure un armistice avec le prince de Hesse-Hombourg. Instruit quelques jours après de l'abdication volontaire de l'Empereur, il la regarda comme un acte de lâcheté, et son indignation s'allumant au souvenir des calamités qu'il avait attirées sur la France, il fit éclater ses sentimens patriotiques par cette apostrophe à son armée :

« Vous êtes déliés de vos sermens; vous en êtes
» déliés par la Nation, en qui réside la souverai-
» neté; vous l'êtes encore par l'abdication d'un
» homme qui, après avoir immolé des milliers
» de victimes à sa cruelle ambition, *n'a pas su*
» *mourir en soldat*. Jurons fidélité à Louis XVIII,
» et arborons la couleur vraiment française. »

L'armée obéit, mais ne se crut point affranchie envers Napoléon du respect que commandait son infortune.

Après les combats livrés sur l'Adour, le duc de Dalmatie, forcé de se retirer devant un ennemi supérieur en nombre, vint camper le 24 mars devant Toulouse. <small>Opérations de l'armée des Pyrénées.</small>

Son armée réduite, après tant de combats et de fatigues, à 30 mille hommes de pied et moins de 3 mille chevaux, devant lutter dans cette position contre une masse de 60 mille combattans, il sentit qu'il ne pouvait rétablir un certain équilibre entre des forces aussi disproportionnées, qu'en usant de toutes les ressources que lui offrait l'art de la fortification, et il s'empressa de la faire retrancher.

Avant de parler de ces travaux, il est à propos de donner une idée de la situation topographique de Toulouse. <small>Topographie des environs de Toulouse.</small>

Cette ville, l'une des plus remarquables de

France par son antiquité, sa grandeur et sa population, est située sur la rive droite de la Garonne, au-dessus de l'embouchure du canal de Languedoc ; son enceinte, composée d'épaisses murailles, flanquées de tours est couverte à l'est et au nord par le canal, à l'ouest par la Garonne ; en sorte qu'elle n'est accessible qu'au midi entre le canal et la rivière. L'on communique par un beau pont de pierre avec le faubourg Saint-Cyprien, bâti dans l'anse que détermine la sinuosité de la rive gauche : ce faubourg, enveloppé d'une bonne muraille en brique, peut être considéré comme une bonne tête de pont.

A 4 kilomètres environ de Toulouse, on rencontre la rivière d'Ers qui coule du sud au nord, et va mêler ses eaux à la Garonne près de Grenade ; à l'ouest de Saint-Cyprien, le Touch qui coule assez long-temps parallèlement à la Garonne, dans laquelle il se jette à St.-Michel, un peu au-dessous de Toulouse.

Sur la rive droite de la Garonne, 4 grandes routes partent de Toulouse et conduisent à Paris, à Montauban, à Alby et à Nîmes.

Sur la rive gauche, deux routes principales partent du faubourg Saint-Cyprien : la première se divise un peu avant d'arriver à Saint-Martin ; la branche de droite se bifurque de nouveau à Leirac, pour conduire parallèlement à la Garonne, à Grenade, et par Mondouville à Montégut. Sa branche gauche est la chaussée de Bayonne par Auch. La seconde route remonte la Garonne jusqu'à Saint-Gaudens.

Un coup-d'œil sur la carte suffit pour juger des avantages de la position de Toulouse, et si l'on consulte le plan, on verra avec quel art le duc de Dalmatie sut profiter de tous les accidens du terrain, pour la rendre formidable. Chaque division travailla aux retranchemens qu'elle devait défendre : généraux, officiers et soldats, tous paraissaient animés du même zèle. Enfin, au bout de quelques jours les Toulousains dont on n'avait pas réclamé les secours, virent avec surprise et admiration s'élever les ouvrages qui formaient autour de leur ville un système complet de défense.

Le faubourg de Saint-Cyprien fut entouré d'une première ligne d'ouvrages; l'on retrancha les ponts du canal qu'on voulait conserver ; on mina ceux de l'Ers qui pouvaient être utiles à l'ennemi; on saisit la crête des hauteurs de la Pujade, du Calvinet et de Montaudran entre l'Ers et le canal, au moyen de redoutes que liaient des retranchemens. Cette dernière hauteur, à droite de la ligne, déjà couverte par l'Ers qui se rapproche de son pied, fut défendue par une inondation ; l'on arma d'artillerie de gros calibre ou de campagne, les parties de l'enceinte qui avaient des vues sur le canal ; on retrancha le faubourg Saint-Etienne ; enfin, l'on ne négligea rien de ce que l'art pouvait ajouter à la force naturelle de cette position.

Ainsi posté, le duc de Dalmatie croyait avoir le temps de réparer la chaussure, l'habillement et l'équipement délabrés des troupes, de faire entrer en ligne 6 à 8 mille conscrits dont l'organisation n'était pas encore achevée, peut-être même d'opérer sa jonction avec le duc d'Albufera qu'il avait engagé à repasser les Pyrénées, dès les premiers jours de son arrivée à Toulouse.

En effet, lord Wellington embarrassé par un équipage considérable de pontons et l'innombrable quantité de bêtes de somme employées au transport de ses subsistances, n'avançait qu'avec lenteur. L'enlèvement de quelques voitures par les corps francs organisés sur ses derrières, lui faisant craindre pour ses communications, il n'arriva à la vue de Toulouse que le 27 mars, trois jours après l'armée française.

<small>Tentatives de lord Wellington pour passer la Garonne.</small>

Persuadé qu'une attaque de front sur Saint-Cyprien ne pouvait être tentée sans grands risques, puisque les Français restaient toujours maîtres de faire sauter le pont en se retirant, son intention fut d'abord de passer la Garonne en avant de Toulouse au confluent de l'Auriége, et il ordonna de jeter un pont entre Pinsaguel et Portet, à un myriamètre de la ville, dans l'espoir qu'en se plaçant ainsi sur la ligne de communication du Maréchal avec l'armée d'Aragon, il l'empêcherait de se réunir à elle, et le déciderait peut-être à abandonner Toulouse. Mais, malgré l'énorme quantité de pontons que l'armée confédérée traînait à sa suite, il ne s'en trouva pas assez pour embrasser la largeur de la rivière en cet endroit, et il fallut remonter à 2 kilomètres plus haut, vis-à-vis de Roques, pour rencontrer un point plus favorable. Le pont établi le 31 mars, le général Hill se dirigea sur Cinte-Gabelle, s'empara de cette ville et du pont de l'Auriége. Il crut un instant avoir obtenu par-là un grand avantage; cependant le manque absolu de communications praticables aux armées, de cette ville à Toulouse, l'obligea à revenir sur ses pas. Ces tâtonnemens, d'autant moins excusables que lord Wellington ne manquait ni de cavalerie pour reconnaître les points les plus favorables de passage au-dessous de Toulouse, ni de troupes pour effectuer cette opération de vive force, laissèrent d'ailleurs aux Français le temps de mettre la dernière main à leurs retranchemens.

Le duc de Dalmatie ne conçut aucune inquiétude de ces mouvemens, et se contenta de les faire observer par quelques partis, en même temps qu'il prescrivit au général Lafitte, commandant dans l'Arriège une petite brigade de gardes nationaux et autres troupes, de pousser de fortes reconnaissances vers St.-Gaudens et

Martori sur les communications des Alliés. De son côté, le duc d'Albufera, prévenu de cet incident, se hâta d'ordonner que 60 conscrits du dépôt du 29e régiment de chasseurs à cheval se portassent de Carcassonne sur Castelnaudari, annonçant partout l'arrivée de l'armée d'Aragon. Cette ruse produisit son effet; l'on crut, et lord Wellington partagea l'erreur, qu'elle se trouvait à trois ou quatre marches de Toulouse, tandis qu'elle occupait encore la plaine du Lampourdan.

Enfin, après beaucoup d'hésitation, lord Wellington, présumant que son adversaire n'avait fait de sérieux préparatifs de défense que sur la rive gauche de la Garonne, renonça au projet de passage en amont de Toulouse, et sentit la nécessité de l'exécuter en aval. On reconnut alors un point favorable à la construction d'un pont au-dessus du confluent de l'Ers près de Grenade, à 2 myriamètres de Toulouse, où la grande route qui longe la Garonne, était propice à l'établissement des batteries de gros calibre; et le 4 avril à la chute du jour, les pontons furent lancés. Malgré la rapidité du courant, on parvint à les fixer, et au bout de quatre heures, le pont s'acheva sans opposition.

Le duc de Dalmatie qui avait d'abord manifesté hautement l'intention d'attaquer l'ennemi au passage de la Garonne, fit suivre son

<small>Les Alliés passent la Garonne au-dessus de Grenade.</small>

mouvement, le long de la rive droite, par le général Soult, dont la cavalerie, cantonnée à Saint-Caprais et à Castelnau, semblait ne pouvoir être mieux placée pour contrarier cette première opération. Cependant il n'en fut rien, et le maréchal Béresford eut le temps de faire filer, sans la moindre difficulté, les 3 divisions qui composaient son corps d'armée ; mais à peine ces troupes venoient-elles d'atteindre l'autre rive, que la Garonne grossit considérablement ; le courant par sa violence dérangea les pontons, et arrêta le corps de don Manuel Freyre qui se disposait à les suivre. Dans la matinée du 5, la crue devint si forte, que le pont fut définitivement rompu, et que le maréchal Béresford resta seul pendant deux jours, c'est-à-dire, jusqu'au 8 avril, sur la rive droite.

Cet incident donnait tout le temps au duc de Dalmatie de venir l'accabler, et n'eut pourtant aucune suite fâcheuse pour les Alliés. Soit qu'il eût été informé trop tard de leur passage par son frère, soit qu'il eût lui-même changé d'avis et conçu le dessein de les attirer devant une position retranchée à loisir, il ne bougea point de Toulouse, et laissa sa cavalerie disputer le terrain entre la Garonne et le Giron.

Le 8, la baisse des eaux ayant permis aux Alliés de rétablir leur pont, le corps du général Freyre vint renforcer le maréchal Beresford, dont la cavalerie rejeta celle du général Soult au-delà de Fenouilhet et à Saint-Jean de Kyrie eleïson, et l'obligea dans la journée du 9 à se retirer sur Toulouse par les deux rives de l'Ers. La brigade du général Vial, que serrait de près le colonel Vivian, n'eut pas le temps de faire sauter le pont de Croix-Daurade, et le laissa tomber au pouvoir de l'ennemi, après un engagement assez chaud, où il semblait facile au duc de Dalmatie de faire soutenir cette brigade.

Lord Wellington informé des progrès de son lieutenant, eut d'abord l'intention d'attaquer le 9 avril, et craignant que l'éloignement du pont de Grenade ne nuisît à l'ensemble et à la rapidité de ses mouvemens, il crut pouvoir le remonter en une nuit, d'un myriamètre, à Bauzelle au-dessus du confluent de l'Aussonnelle; mais cette opération n'ayant pu s'exécuter en 12 heures, comme il comptait, bien qu'elle n'eût été nullement contrariée par les Français, il remit son projet au 10, et profita de ce retard pour renforcer son lieutenant de la division légère du général Alten.

Dans cette série d'opérations, lord Wellington parut à tous les militaires avoir été plus heureux que prudent, et donner beaucoup trop au hasard; car si le duc de Dalmatie eût voulu opérer avec son activité ordinaire et faire le moindre mouvement, il est probable qu'il eût empêché le passage de la Garonne. En effet, sa position était beaucoup plus favorable que celle du duc de Vendôme dans la campagne de 1705, lorsque le prince Eugène lui déroba deux marches, et alla jeter un pont sur le Haut-Adda, dans l'espoir de secourir le duc de Savoie en Piémont; car il n'avait, pour ainsi dire, qu'à se prolonger vers la droite pour se trouver au point de passage avec toutes ses forces; d'ailleurs, la crue de la Garonne, qui dura deux jours pleins, coupa toute communication entre ses deux rives.

Mais tout ayant réussi au gré de ses désirs, lord Wellington arrêta le plan d'attaque ci-après: Sur la rive gauche de la Garonne, sir Rowland-Hill, avec les divisions Stewart, Murray, Morillo et une brigade de cavalerie anglaise, fut chargé d'observer le faubourg St.-Cyprien, et d'attirer l'attention des Français par de fortes démonstrations.

Plan d'attaque de l'ennemi.

Sur la rive droite, la division Picton, la division légère Alten, et une brigade de cavalerie allemande, furent destinées à une fausse attaque sur le canal depuis le pont de Matabiau jusqu'à son embouchure, et à défendre la route de Paris, au cas où les Français voulussent battre en retraite de ce côté.

La tâche du général Freyre avec la 4e armée espagnole, l'artillerie portugaise et la brigade de cavalerie de lord Possomby, consistait à attaquer les retranchemens de la Pujade, tandis que le maréchal Béresford avec les divisions Cole et Clinton, soutenues des brigades de cavalerie légère de lord Sommerset et du général Ahrenschild, sous les ordres de sir Stappleton-Cotton, attaquerait ceux du Calvinet.

Outre ces troupes, lord Wellington avait probablement une forte réserve sur la rive droite de la Garonne, quoique d'ailleurs son rapport n'en fasse aucune mention.

<small>Dispositions de défense de l'armée française.</small> De son côté le duc de Dalmatie fit les dispositions suivantes pour recevoir le choc : le comte Reille avec la division Maransin devait garder le faubourg de Saint-Cyprien.

La division Daricau dépendant du comte d'Erlon, défendait sur la rive droite de la Garonne, le canal depuis son embouchure jusqu'à la route d'Alby. Le général Clausel avait la brigade Lamorandière, de la division Villatte, en avant-garde, et celle du général St.-Pol en réserve dans les retranchemens de la Pujade. A droite de celle-ci, le général Soult avec la brigade de cavalerie du général Vial, s'étendait jusqu'aux redoutes du Calvinet, confiées à la division Harispe. Vers l'extrême droite, la brigade Leseur, de la division Darmagnac, détachée du corps du comte d'Erlon, gardait les hauteurs de Montaudran, ayant devant elle en potence sur le chemin des Bordes, la cavalerie du général Berton qui, après avoir repassé l'Ers au pont de St.-Martin, observait la plaine entre le pied des hauteurs et cette rivière. Enfin, la division Taupin, détachée du corps du comte Reille; formait réserve au château de Guéry, sur la route de Puy-Laurens. La réserve de conscrits sous le général Travot, gardait les ouvrages du pont des Demoiselles. La Garde nationale de Toulouse fit le service dans l'intérieur de la ville et à ses portes.

L'on voit par les dispositions respectives, que le duc de Dalmatie avait réuni la majeure partie de ses forces sur sa droite, et que son adversaire attaquant sur tous les points, n'avait concentré sur aucun, des masses assez considérables pour faire un effort décisif.

Le 10 avril, vers 6 heures du matin, le signal du combat fut donné. Bataille de Toulouse. 1er moment.

Sur la rive gauche de la Garonne, le général Hill avec ses trois divisions s'avança avec circonspection contre l'enceinte extérieure de Saint-Cyprien, défendue seulement par quelques batteries.

Sur la rive droite, le général Picton se forma près de l'embouchure du canal, attaqua les Français vers 7 heures, et les repoussa jusqu'à la tête du pont Jumeau, à la jonction du nouveau canal avec l'ancien, où tous ses efforts furent contenus par deux bataillons de la brigade Berlier.

Cependant le général Freyre, après avoir longé la rive gauche de l'Ers, jusqu'à la hauteur de

Croix-Daurade, se forma sur deux lignes, établit son artillerie sur une hauteur en avant et à gauche de celle de la Pujade, en même temps que le maréchal Béresford qui venait de passer l'Ers au pont de Croix-Daurade avec les divisions Cole, Picton et Cotton, remontait cette rivière sur trois colonnes, pour gagner la droite des Français.

Dès que le général Freyre le vit à hauteur de Saint-Martin, il s'avança en bon ordre contre la brigade Lamorandière, et la repoussa sous les retranchemens qu'il comptait enlever de vive force. La brigade Saint-Pol accueillit les Espagnols avec un feu terrible de mitraille et de mousqueterie qui leur fit essuyer une perte considérable, sans néanmoins les arrêter; au contraire la première ligne espérant trouver un abri contre ce feu meurtrier dans un chemin creux au pied des ouvrages, s'y porta à la course, mais n'y arriva qu'entièrement rompue. La réserve, qui voulut prévenir les suites de sa faute, ne put arriver assez tôt à son soutien. Le comte Harispe lance une brigade sur les Espagnols du Calvinet, tandis que le général Darmagnac en fait autant par le revers de la position, sur le flanc droit des assaillans, et que le général Darricau saisissant l'à-propos, jette de la porte Matabiau un bataillon sur la route d'Alby. Ces efforts simultanés culbutent l'attaque et la ramènent à plus d'un kilomètre; et les Français se seraient emparés du pont de Croix-Daurade, si le général Alten n'eût arrêté la poursuite en arrivant sur le flanc gauche avec une de ses brigades et de la cavalerie allemande.

Les Espagnols perdirent plus de mille hommes à cette attaque mal dirigée, où les généraux Mendizabal et Espeleta furent mis hors de combat.

Malgré l'échec essuyé vers sa gauche, lord Wellington ne fit aucun changement à son plan d'attaque, et tous les chefs de colonne reçurent l'ordre de redoubler d'efforts.

Sir Rowland Hill avec ses trois divisions finit après beaucoup de tâtonnemens par chasser de la première enceinte du faubourg de St.-Cyprien, les postes d'avertissement que le comte Reille y avait laissés en se retirant dans la seconde.

2e moment.

Sur la droite de la Garonne, le général Picton attaqua de nouveau le pont Jumeau, et fut repoussé avec des pertes énormes. Les Anglais voulant brusquer l'attaque et se jeter dans les retranchemens, la hauteur de leur profil rendit l'escalade impraticable, et le général Berlier les fit écraser à coups de pierres dans le fossé, où le général-major Brisbane fut grièvement blessé. Le général Alten, mettant plus de circonspection dans l'attaque qu'il dirigea avec une brigade sur le pont d'Arnaud-Bernard, fut arrêté par le 31e léger devant le couvent des Minimes, et ne put réussir même à le débusquer de cet avant-poste. Enfin Don Manuel Freyre eut beaucoup de peine à rallier ses troupes et à les porter sous la protection de la cavalerie de lord Possomby et une des brigades du général Alten devant le plateau de la Pujade pour y continuer la canonnade.

Ainsi, vers midi, l'action engagée sur la plus grande partie de la ligne, ne laissait que peu d'espérance aux Alliés pour le succès de la journée.

Cependant le duc de Dalmatie jugeant que les hauteurs de Montaudran allaient devenir le point important du champ de bataille, donna l'ordre de retirer du faubourg de St.-Cyprien la brigade Rouget de la division Maransin, pour la porter vers ce point. Malheureusement il était un peu tard, et comme on ne lui assigna pas de direction précise, elle ne put arriver à temps.

L'échec éprouvé par les Espagnols et le manque d'artillerie avaient suspendu la marche du maréchal Béresford; mais voyant que ses pièces n'arrivaient pas, au lieu d'attaquer les retranchemens du Calvinet, comme il en avait eu primitivement l'ordre, il calcula qu'il lui serait peut-être plus facile de les tourner, en continuant de se diriger vers Montaudran.

Ce mouvement était très-dangereux, parce que laissant un grand vide au milieu de la ligne de bataille, il offrait au duc de Dalmatie l'occasion de couper le corps du maréchal Béresford en faisant descendre une ou deux divisions entre le plateau et l'Ers. Outre ce grave inconvénient, le terrain présentait de grandes difficultés, attendu qu'il fallait cheminer entre la rivière et le pied des hauteurs à travers des prairies coupées d'une infinité de canaux d'irrigation ; encore se rétrécissaient-elles, à mesure qu'on approchait de l'inondation. L'infanterie même n'avançait qu'avec peine, obligée souvent de défiler homme par homme, sous le feu des tirailleurs français.

Lord Wellington n'apprit pas cette manœuvre sans inquiétude ; il sentait que le gain ou la perte de la bataille pouvait en être la conséquence immédiate ; de son côté, le maréchal Béresford une fois engagé, était obligé de continuer sa marche pour ne pas s'exposer aux dangers inévitables de la retraite ; et, dans l'espoir de trouver un point d'attaque d'un accès plus facile, il ne s'arrêta que lorsqu'il ne lui fut plus possible de passer outre. Il forma alors la division Cole en arrière de la droite française, sur un terrain étroit au pied de la colline de Montaudran sur laquelle était élevée la dernière redoute. Le général Clinton rangea la sienne avec non moins de peine, face à la seconde. En même temps l'artillerie du corps d'armée étant arrivée, elle fut dirigée contre les redoutes du Calvinet, sous la protection de la cavalerie de sir Stappleton Cotton.

Toutes ces dispositions se firent sous les yeux du duc de Dalmatie qui, loin d'y mettre obstacle, se félicitait que l'ennemi lui épargnât moitié de la peine qu'il devait se donner pour décider sa défaite. Cependant, lorsqu'il le vit près de prendre l'initiative de l'attaque, il crut devoir le prévenir, et prescrivit à la division Taupin de marcher à la rencontre du général Cole, soutenu par la brigade Leseur, tandis que le 21e de chasseurs guidé par le lieutenant-général Clausel, chercherait à lui couper ses communications en se portant en avant, et que le général Berton chargerait le flanc gauche.

Ainsi, dans le choc que se préparaient réciproquement ces masses, la plus solide devait repousser l'autre, malgré l'avantage du terrain.

Attaque des hauteurs de Montaudran. Le général Cole, soutenu en arrière à droite par la division Clinton, se dirige sur la redoute non achevée que défendait le général Dauture avec le 9e d'infanterie légère. Son attaque est conduite avec ordre et méthode : la première ligne déployée, la seconde en carrés prêts à repousser les charges dont elle est menacée par la cavalerie du général Berton.

L'attaque des Français au contraire, différée trop long-temps, s'exécute avec plus de précipitation que d'ensemble ; la brigade Leseur, conformément à ses instructions, se forme en potence sur le flanc droit de l'ennemi ; d'un autre côté, la cavalerie se dispose à charger le flanc gauche ; mais la colonne du général Taupin, destinée à frapper les plus grands coups, pressée d'arriver, s'allonge en hâtant sa marche, et le général Rey engage tellement sa brigade hors d'haleine, qu'il paralyse le feu de la redoute dont il devait être protégé.

Le général Taupin resté en arrière pour tâcher de faire avancer son artillerie qui avait été dirigée vers le centre du plateau, près du Calvinet, accourt, s'apprête à faire changer de direction à ses troupes, et tombe blessé mortellement.

Cet événement malheureux occasionna dans la colonne un moment de trouble et de flottement, dont le général Cole profite aussitôt en marchant, baïonnettes croisées, sur le 12ᵉ léger qui plie et entraîne le reste de la division. Vainement pour former diversion, la brigade Leseur s'avance contre les colonnes anglaises, elle est écrasée et mise en fuite. Quelque fâcheux que fût cet échec, il n'était pas irréparable, si la garnison de la redoute eût tenu ferme : mais voyant arriver sur elle la division Picton enhardie par le succès du général Cole, elle abandonna son poste. D'un autre côté, les progrès rapides des Anglais sur la croupe de la colline, les ayant mis à l'abri des charges de cavalerie, rien ne s'opposa à leur marche, et le maréchal Béresford réunit ses deux divisions sur le plateau, y amena de l'artillerie, et attaqua en flanc les redoutes de Calvinet. Dans cette extrémité, le Maréchal français de concert avec le ba- *Attaque du Calvinet.*

ron Clausel, changea de front, et prit une nouvelle ligne appuyée aux retranchemens du pont des Demoiselles et aux redoutes du Calvinet, sur laquelle vinrent se ranger successivement et la brigade Rouget qui débouchait du pont de Montaudran, et les troupes des deux divisions mises en désordre.

Dans cette nouvelle position, l'on combattit avec fureur. Bien que les redoutes du Calvinet eussent perdu une partie de leur force, parce que leurs flancs avaient été négligés pour achever plutôt le profil de leurs faces qu'on croyait les plus exposées, elles ne laissèrent pas d'être défendues avec opiniâtreté ; une d'elles fut reprise par le 10e de ligne qui fit essuyer de grandes pertes aux Ecossais. Les généraux Harispe et Baurot y furent, ainsi qu'un général anglais, grièvement blessés, et ce n'est qu'à 5 heures du soir seulement que le 45e évacua la dernière.

Les redoutes du Calvinet emportées, sir Béresford marcha sur celles de la Pujade, tandis que les Espagnols les attaquèrent de front. Elles n'opposèrent pas moins de résistance à ces attaques combinées : la brigade Lamorandière y fit des prodiges et perdit son général : enfin, vers 7 heures, elles furent également emportées.

Les vainqueurs s'arrêtèrent après ce dernier effort qui semblait avoir épuisé toute leur ar-

CHAPITRE XXXI. 657

deur, et n'osèrent refouler l'armée française sur le canal, qu'elle repassa seulement dans la nuit.

Dans cette position, maîtresse du faubourg de St.-Etienne, elle avait non-seulement une retraite assurée, mais encore se trouvait en mesure d'accepter un nouveau combat.

Lord Wellington n'étant redevable de la victoire qu'à la témérité de son lieutenant, douta long-temps de sa bonne fortune; et loin de songer à enlever Toulouse le lendemain, ne s'occupa que des moyens de se maintenir sur la chaîne de collines qui le domine, au cas que son adversaire voulût l'y attaquer. De son côté, le duc de Dalmatie tout en faisant mine de s'occuper de préparatifs de défense, comme s'il eût résolu de s'ensevelir sous les décombres de Toulouse, marqua pour la nuit suivante la retraite sur Castelnaudary. Les magasins furent évacués, et les troupes, après avoir reçu pour quatre jours de vivres, prirent en bon ordre, dans la nuit du 11 au 12, la route de Montpellier, précédées par les bagages et l'artillerie. Il ne resta dans Toulouse que 1,500 blessés ou malades qu'on n'aurait pu transporter sans danger, et quelques pièces de gros calibre, qu'à défaut de moyens de transport, on enfouit pour les retrouver dans des temps plus heureux. *Evacuation de Toulouse par les Français.*

Avant de quitter cette ville, le duc de Dalmatie témoigna aux habitans sa satisfaction de la

2. 42

conduite qu'ils avaient tenue dans ces momens critiques. Le plus grand nombre le vit partir à regret, car il laissait leur ville à la merci d'un ennemi dont ils ignoraient encore les projets.

La bataille de Toulouse fut pour l'armée française ce qu'une dernière et vive étincelle est à un feu près de s'éteindre : jamais la valeur des troupes ne se montra avec plus d'éclat. Une victoire complète devait être le fruit de ses efforts; et si elle lui échappa, ce fut comme pour donner une nouvelle preuve, que sur le champ de bataille, la moindre hésitation peut entraîner la ruine des plus heureuses conceptions.

Les pertes, quoiqu'en disent certains rapports, s'élevèrent du côté des Français à 3,231 hommes, dont 321 tués, 2,369 blessés et 541 prisonniers; et du côté des Alliés, à 4,458 hommes hors de combat, dont 2,124 Anglais, 1,727 Espagnols, et 607 Portugais.

Cette bataille, les manœuvres qui l'ont précédée et suivie, fournissent matière à plusieurs observations. Les militaires des deux partis ont cherché à se rendre compte des raisons qui empêchèrent le duc de Dalmatie de profiter de la crue de la Garonne pour livrer bataille au maréchal Béresford du 6 au 9 mars, lorsqu'isolé sur la rive droite du fleuve, il ne pouvait être soutenu par lord Wellington; ils n'ont pas cru la conduite du Maréchal français justifiée d'une manière satisfaisante par le projet qu'on lui a supposé de ne rien donner au hasard, et d'attirer par une feinte timidité son adversaire dans un terrain défavorable, où tout avait été préparé pour sa défaite.

On s'est aussi demandé pourquoi décidé à accepter une bataille défensive sur la rive droite de la Garonne, il ne fit pas mieux garder le pont de Croix-Daurade, qui ouvrait aux Alliés un débouché si favorable pour venir attaquer de front les retranchemens de la Pujade et du Calvinet.

Ces observations portent encore sur d'autres points : on s'étonne que le duc de Dalmatie, résolu à prendre son champ de bataille sur la chaîne de collines qui s'étend de la Pujade à Montaudran, et voyant se décider le mouvement des Alliés à sa droite, n'ait pas commencé la journée en battant le corps de sir Hill devant St.-Cyprien, et porté ensuite la masse de ses forces contre le maréchal Béresford sur les hauteurs de Montaudran; manœuvre aussi simple que décisive, et dont il paraît n'avoir pas senti tous les avantages.

On désirerait également connaître les motifs qui portèrent le Maréchal français à ne pas mettre en action plus d'artillerie sur le plateau, et à différer si long-temps d'engager la division Taupin, et les raisons qui l'empêchèrent, lorsqu'elle fut rompue, de se servir de la cavalerie du général Soult et de la 2ᵉ brigade de la division Villatte qu'il avait sous la main, pour arrêter les progrès des généraux Cole et Picton.

Enfin, quelques officiers qui ont étudié la position de Toulouse, sont d'avis que le duc de Dalmatie l'abandonna trop tôt : ils assurent qu'il lui eût été facile de prendre le lendemain sa revanche, en laissant deux ou trois divisions sur les bords du canal, et débouchant avec les autres et sa cavalerie par le faubourg St.-Cyprien sur le corps du lieutenant-général Hill, qu'on eût écrasé avant que lord Wellington eût eu le temps de lui porter secours.

La solution de ces diverses questions exigerait des renseignemens qui nous ont manqué, et que nous obtiendrons peut-être avec le temps ; mais nous croyons devoir dès ce moment les soumettre à la méditation de nos lecteurs.

Entrée des Alliés à Toulouse. Le 12 avril au matin, lord Wellington fit son entrée à Toulouse, où les royalistes, après lui avoir rendu, à son grand étonnement, les honneurs du triomphe, opérèrent, sous ses auspices et malgré lui (1), une révolution en faveur de la

---

(1) Lord Wellington ayant vu que le Comité royaliste de Bordeaux n'avait tenu aucun compte des observations verbales qu'il avait faites à ses députés, et désirant éviter tout malentendu, remit au Conseil municipal de Toulouse *un avis par écrit*, pour lui faire connaître le danger qu'il courait à tolérer les

famille des Bourbons. Le vainqueur écrasé de fatigue et sentant le besoin d'accorder quelque repos à ses troupes, ne poussa que le surlendemain son avant-garde sur Avignonet, où elle fut arrêtée par quelques coups de canon que lui tira le général Berton.

Tandis que ces événemens se passaient sur les bords de la Garonne, au revers méridional des Pyrénées orientales, le duc d'Albufera, désespérant d'amener à bien les négociations entamées successivement, depuis la fin de 1813, avec les généraux espagnols, la Régence et le roi Ferdinand, pour la rentrée des garnisons françaises, se décida à laisser partir le prince don Carlos, et à s'en rapporter à la parole du Monarque pour l'exécution de cette clause du traité. Prévoyant ensuite à la tournure des opérations, qu'il serait bientôt forcé de repasser les Pyrénées, il donnait tous ses soins à l'appovisionnement, à l'armement et à la mise en état de toutes les places fortes de cette frontière, lorsqu'une dépêche du duc de Dalmatie lui annonça que les Alliés avaient passé la Garonne au-dessous de Toulouse, et se disposaient à lui livrer bataille. Convaincu

---

signes et les couleurs royalistes qui se montraient à son entrée dans cette ville.
(Voyez *De Pradt*, p. 66, à la note; et *Beauchamp*, liv. XX, tom. II, p. 468.)

alors qu'il ne pouvait rester plus long-temps sans risques en Espagne, il mit, conformément aux ordres du Ministre, des garnisons dans Figuères, Perpignan et toutes les autres places, et se hâta de repasser les Pyrénées pour se diriger en trois colonnes sur Narbonne, avec 13,700 combattans, restes d'une armée qui en comptait encore au 1er janvier plus de 36 mille.

Quelques militaires français se sont étonnés que le duc d'Albufera n'ait pas quitté plutôt le Lampourdan; d'autres ont prétendu que le retard de sa jonction occasionna la perte de la bataille de Toulouse. Il est facile néanmoins de juger que l'évacuation totale de l'Espagne, ne dépendait point de la volonté de ce Maréchal qui, gémissant d'y voir son armée se fondre en détachemens au-delà des monts et en garnisons en-deçà, sollicita vainement l'Empereur de l'en retirer, et n'obtint la permission d'en sortir qu'à l'extrémité. Quant à l'assertion hasardée des derniers, la relation de la bataille nous a prouvé que sa perte ne provint pas du manque de troupes; on ne saurait pourtant se dissimuler que la victoire n'eût influé d'une manière sensible sur les conditions de la paix.

Cependant l'officier expédié par le Gouvernement provisoire aux ducs de Dalmatie et d'Albufera, arriva à Toulouse le lendemain de son évacuation par l'armée française. Les dépêches dont il était porteur étaient trop agréables à lord Wellington, pour qu'il ne s'empressât pas de faciliter sa mission. En effet, il le fit accompagner par le colonel Gordon son premier aide-de-camp. Ainsi escorté, cet officier se présenta aux avant-postes le 13, et fut conduit au quartier-général de Norouze, entre Villefranche et Castelnaudari.

Le duc de Dalmatie convoqua aussitôt un conseil de guerre où assistèrent ses trois lieutenans, son chef d'état-major et tous les généraux divisionnaires, et donna lecture des dépêches du Commissaire au département de la guerre, et des divers Moniteurs qui y étaient joints. Toutes ces pièces, bien qu'officielles, ne se trouvant appuyées d'aucun avis du Prince Major-général, n'éclairèrent pas suffisamment la religion des membres du Conseil, qui décida à l'unanimité qu'en attendant confirmation de ces événemens, on proposerait un armistice pur et simple à lord Wellington; mais celui-ci, choqué peut-être de cette sage précaution, refusa d'acquiescer à sa demande.

De son côté, le duc d'Albufera reconnut, d'après l'avis d'un semblable Conseil, l'authenticité des communications faites par l'intermédiaire des mêmes officiers, et adressa sa soumission au Gouvernement provisoire dès le 14; toutefois ne voulant point séparer son armée de celle de son collègue en présence de l'ennemi, il resta comme lui en état d'hostilités jusqu'au 19, que ce dernier ayant enfin reçu du prince de Neuchâtel l'avis qu'il attendait avec la plus vive impatience, adressa l'adhésion de l'armée au rappel de Louis XVIII, et conclut un armistice commun au corps du duc d'Albufera et au sien, avec lord Wellington.

Quelques jours après, le duc d'Angoulême quittant le quartier-général anglais, vint passer en revue l'armée des Pyrénées, qui prit pour cette cérémonie la cocarde blanche. Il en fut reçu avec respect; mais sa tenue, son air martial et sévère, purent le convaincre qu'elle ne déposait les armes que pour se conformer au vœu de la Patrie.

Enfin, le comte Decaen, général en chef du corps de la Gironde, réunissait avec des peines infinies, aux 6 mille hommes détachés de celui du Rhône, environ 3 mille conscrits des divers dépôts stationnés dans les trois divisions territoriales de son commandement, pour se porter sur Blaye et Libourne que les Anglais venaient d'évacuer, lorsqu'il apprit le 11 à Périgueux la révolution opérée dans le Gouvernement. Son éloignement de ses généraux de division ne lui permettant pas de les consulter, il se borna à leur en transmettre l'avis, envoya de suite son adhésion au Gouvernement provisoire, et se hâta de conclure un armistice avec lord

Dalhousie, commandant les Alliés sur la Garonne.

Aucun corps d'armée, nulle garnison ne refusa de reconnaître le Gouvernement provisoire, ni de se conformer au vœu de la Nation ; si quelques gouverneurs de places bloquées différèrent quelques jours à donner leur adhésion, c'est que l'irrégularité des communications leur laissait des doutes dans une conjoncture délicate où leur conscience voulait être pleinement éclairée. Ainsi, par ces actes successifs de soumission, les armées prouvèrent qu'essentiellement françaises, elles étouffaient dans leur cœur les sentimens qui les attachaient à Napoléon, et se ralliaient à la Patrie, pour la gloire et la défense de laquelle elles avaient cru devoir, sous lui comme avant lui, répandre jusqu'à la dernière goutte de leur sang.

CHAPITRE XXXII.

Convention du 23 avril. — Evacuation du territoire français.— Débarquement de Louis XVIII à Calais. — Agitation des partis. — Déclaration du 2 mai. — Entrée du Roi à Paris. — Paix du 28 mai. — Charte constitutionnelle. — Conclusion.

(Consultez la carte des Ponts et Chaussées de l'Empire.)

L'ADHÉSION des armées françaises aux actes du Gouvernement provisoire mit fin de toutes parts aux hostilités ; mais ce n'était encore qu'un faible avantage : il importait surtout de délivrer la France du fléau de l'occupation étrangère, et la première pensée du Lieutenant-général du Royaume fut de conclure une convention avec les Souverains alliés, pour accélérer le départ de leurs armées, et mettre un terme aux réquisitions et au régime militaire de leurs généraux. Malgré les revers des deux dernières campagnes, la France tenait encore dans les pays étrangers un grand nombre de places dont l'occupation par les troupes françaises grevait le pays, et dont la remise par ces motifs pouvait servir à la fois de compensation dans les arrangemens de la paix future, et de garant contre toute reprise d'hostilités. Tel fut l'objet de la convention du 23 avril.

Cette convention en 9 articles, dont un secret, stipule comme préliminaire que les hostilités cesseront aussitôt que les généraux et commandans des armées ou places fortes pour la France auront fait connaître aux généraux alliés qui leur sont opposés, qu'ils ont reconnu l'autorité du Lieutenant-Général du Royaume.

Convention militaire du 23 avril.

Par l'article 2, les Puissances alliées s'engagent à faire évacuer le territoire français, tel qu'il se trouvait en 1792, à mesure que les places occupées hors de ces limites par les troupes françaises seront évacuées et remises aux Alliés.

Aux termes de l'article 3, les places situées sur le Rhin, non comprises dans les limites de la France de 1792, de même que celles entre le fleuve et ces limites, seront remises dans l'époque de 10 jours, celles d'Italie dans 15, celles d'Espagne dans 20, et toutes les autres en Allemagne avant le 1er juin.

Leurs garnisons devaient sortir avec armes, bagages, propriétés particulières et 3 pièces de campagne par chaque millier d'hommes, malades et blessés compris.

Cet article portait en outre, que le blocus des

places fortes de France serait levé immédiatement, et que l'armée d'Italie serait aussitôt rappelée.

L'article 5 applique aux places maritimes de France les dispositions du précédent; toutefois par l'article 4, les Puissances se réservent de régler dans le traité définitif le sort des vaisseaux et des arsenaux.

L'article 6 règle la validité des prises faites en mer après la signature des traités.

D'après l'article 7, tous les prisonniers sont rendus sans rançon.

L'administration des départemens conquis est rendue par l'article 8 aux magistrats nommés par le Lieutenant-général du Royaume, qui sont chargés de pourvoir aux besoins des Alliés jusqu'à leur entière évacuation.

Enfin, par l'article secret, stipulé en faveur de Hambourg, il était convenu que les propriétés publiques et particulières des places évacuées par les Français seraient respectées, que celles qui auraient été distraites et existeraient encore en tout ou en partie, seraient restituées.

Cette convention donna matière à des observations. On se demandait s'il n'eût pas été possible d'acheter moins cher la délivrance d'un fardeau dont les Souverains alliés eux-mêmes eussent été obligés de nous décharger peu de temps après par la force même des événemens, et si en se bornant à rendre toutes les places de Hollande, d'Allemagne, d'Italie et d'Espagne, on ne pouvait pas conserver, du moins jusqu'à la conclusion de la paix définitive, les boulevards qui défendaient les frontières naturelles du Royaume, et garder une attitude imposante dans des négociations où la Puissance désarmée perd toute prépondérance? Sans doute les plénipotentiaires français, guidés par un diplomate très-exercé dans les négociations avec les Puissances intéressées, ne négligèrent rien pour obtenir de meilleures conditions; mais ils étaient peu avantageusement placés pour agiter, et ne purent rien obtenir. D'après l'état actuel des affaires, on estima que la délivrance de 40 départemens, écrasés par les contributions en argent et en nature, valait bien la cession de 53 places fortes, de 12 mille bouches à feu et d'un matériel sujets à litige, même dans les suppositions les plus favorables à la France.

En exécution de cette convention, le prince de Schwarzenberg ayant déposé le titre de Généralissime, les grandes armées alliées furent dissoutes, et chaque nation se disposa à quitter la France. Les corps autrichiens de la grande armée se mirent immédiatement en marche en trois colonnes pour retourner dans leurs foyers; mais ceux de l'armée du sud ne se retirèrent qu'au commencement de juin; les Russes se dirigèrent

Evacuation de la France par les Alliés.

en cinq colonnes sur le Rhin, qu'ils repassèrent à Coblentz, à Manheim et à Fort-Louis. Une seule division de la Garde se rendit à Cherbourg, où elle fut embarquée sur une escadre russe venue d'Angleterre. Les Prussiens évacuèrent également le territoire français en trois colonnes, mais se tinrent en grande partie sur la rive gauche du Rhin, dans leurs anciennes provinces et celles qui devaient leur échoir. Les Bavarois allèrent s'établir dans le duché de Deux-Ponts et la principauté de Pirmasens qui leur étaient promis; les autres corps allemands repassèrent aussi le Rhin successivement. Néanmoins Paris et beaucoup d'autres points restèrent occupés, et ce ne fut qu'à la fin de juin que le territoire fut entièrement délivré.

Arrivée du Roi en France.   L'évacuation prochaine de la France par les Alliés, le départ de Napoléon pour l'île d'Elbe, le retour de la paix et de la tranquillité dans toutes les parties du royaume, décidèrent Louis XVIII à venir s'asseoir sur le trône de ses aïeux. Il quitta sa retraite de Hartwel, et après avoir fait son entrée à Londres en Souverain, le 20 avril, il s'embarqua le 24 à Douvres, et prit terre le même jour à Calais. Le comte Maison s'y était rendu en toute hâte de Lille avec son état-major et une députation de l'armée du Nord. Il le reçut à son débarquement, et lui remit une adresse contenant de nouvelles protestations d'obéissance et de fidélité, qui fut accueillie avec des paroles pleines de sentiment et de bonté. Le Roi séjourna le 25 à Calais, se rendit le lendemain à Boulogne, et de là par Abbeville et Amiens à Compiègne, où il arriva le 29. La plupart des Maréchaux l'y attendaient, et le prince de Neuchâtel, en sa qualité de Major-général, le complimenta. « Vos armées, Sire, lui dit-il, dont » les Maréchaux sont aujourd'hui l'organe, s'es- » timent heureuses d'être appelées par leur dé- » vouement et leur fidélité à seconder vos vues » pour la gloire et la prospérité de la France. »

A mesure que le Roi approchait de la Capitale, les partis s'agitaient plus vivement autour de lui pour diriger dans le sens de leurs intérêts et de leurs opinions, le choix de la Constitution, la nomination des ministres, et l'organisation personnelle du Gouvernement.

Le Sénat persévérait à défendre la Constitution du 6 avril, et surtout les principes qui en formaient la base; il en avait même fait l'application dans le décret du 14 qui nommait le comte d'Artois Lieutenant-général du royaume, et lui conférait un titre qu'il tenait déjà du Roi. Dans ce décret, Louis XVIII lui-même était désigné comme un prince qu'un acte libre du peuple français appelait au trône de France, mais qui ne devait s'y asseoir qu'après avoir accepté, signé et juré la Constitution. Mais, dès le 7 avril, le

Gouvernement provisoire s'était écarté de ce principe dans son arrêté sur l'intitulé des jugemens, qu'il ne prescrivait de rendre en son nom que *jusqu'à l'arrivée et l'installation de Sa Majesté Louis XVIII.* Les adresses d'adhésion à la Constitution cessèrent d'être insérées au journal officiel, et les membres du Gouvernement qui voyaient dans le principe de la légitimité un moyen d'écarter du trône toutes les ambitions, proposèrent, dans une réunion de Sénateurs, de la réduire à quelques articles fondamentaux; mais ce projet fut rejeté.

Un assez grand nombre de citoyens partageait l'avis du Gouvernement provisoire; néanmoins tous ne tiraient pas du principe de la légitimité les mêmes conséquences, et les opinions ne différaient pas moins sur l'organisation personnelle du Gouvernement.

L'ancien clergé défendait le principe du droit divin des Rois; il rappelait que l'Eglise avait donné des premiers ministres à la France; que des évêques étaient les premiers pairs du royaume; que le clergé fut le premier ordre aux Etats-généraux, et il réclamait, sinon les dîmes et les biens qu'il avait perdus, du moins une dotation proportionnée au rang qu'il devait reprendre dans l'ordre social.

L'ancienne noblesse se ressouvenait qu'elle occupait les emplois de la Cour et de l'armée;

CHAPITRE XXXII.

qu'elle fut long-temps chargée de défendre la France, et s'acquitta de cette tâche avec gloire ; elle réclamait ses titres et ses honneurs ; et, si la politique ne permettait pas de reprendre aux acquéreurs les biens qu'elle avait perdus, il lui semblait juste que l'Etat, auteur et garant des ventes, en indemnisât les anciens possesseurs. A la tête de la noblesse, l'ancienne Cour se partageait déjà les charges de la maison du Roi, avec toutes leurs prérogatives, et proclamait la doctrine du *bon plaisir*, source des faveurs du Prince, si nécessaire à l'éclat, au soutien même des grandes familles. Tous les seigneurs qui avaient environné le Roi et le comte d'Artois dans leur jeunesse, sûrs de l'affection de l'un et de l'autre, espéraient ramener le bon temps où un Prince jeune, aimable, au milieu d'une Cour polie et folâtre, mêlait aux amusemens d'un âge heureux, les combinaisons de la politique, et lançait tour-à-tour des traits malins contre les abus et l'économie.

Les Parlementaires, cette noblesse de robe que dédaignait autrefois la noblesse d'épée, conservaient, après trente ans, la nuance d'opinions qui les divisaient d'avec la Cour. Ils admettaient bien la plénitude du pouvoir royal, mais avec la restriction des remontrances ; et sans recourir aux Etats-généraux, ils trouvaient que la France aurait assez de garanties contre les abus, si les ordonnances étaient enregistrées dans les Cours souveraines par libre arrêt, sans lettres de jussion ni l'appareil des lits de justice.

Les partisans des lois antiques de la monarchie réclamaient les Etats-généraux et leurs doléances, et demandaient que le Roi, comme Charlemagne, ne fît de lois ou de capitulaires qu'au champ de mai, avec le consentement des prélats, des barons et du peuple.

Les publicistes et les orateurs qui, dans le sein ou sous l'empire de l'Assemblée constituante, avaient proposé d'adapter à la France la constitution anglaise, reproduisirent leurs idées et leurs argumens. Ils avaient de nouveaux et de nombreux partisans dans tous ceux qui regardaient comme un effet de cette constitution, le développement de la puissance anglaise malgré ses dettes, la constance et le succès de ses efforts contre la domination universelle et la puissance indéfinie de Napoléon. Ceux-ci réclamaient hautement un Monarque rappelé au trône d'après l'ordre antique de la succession légitime, inviolable, mais assisté dans l'exercice de la puissance exécutive d'un conseil de Ministres responsables; éclairé, fortifié dans l'exercice de la puissance législative, par une Chambre des Pairs et une Chambre des Communes.

CHAPITRE XXXII.

Tels étaient les projets, les débats, les vœux et les espérances. Ce fut dans ce conflit d'intérêts et d'opinions que le Roi arriva à Saint-Ouen, et publia le 2 mai la déclaration suivante:

« Rappelé par l'amour de notre peuple au » trône de nos pères, éclairé par les malheurs » de la nation que nous sommes destiné à gou-» verner, notre première pensée est d'invoquer » cette confiance mutuelle si nécessaire à notre » repos, à son bonheur.

Déclaration de St.-Ouen.

» Après avoir lu attentivement le *plan* de cons-» titution proposée par le Sénat dans sa séance » du 6 avril dernier, nous avons reconnu que » les bases en étaient bonnes, mais qu'un grand » nombre d'articles, portant l'empreinte de la » précipitation avec laquelle ils ont été rédigés, » ils ne peuvent, dans leur forme actuelle, de-» venir lois fondamentales de l'Etat.

» Résolu d'adopter une constitution libérale, » voulant qu'elle soit sagement combinée, et ne » pouvant en accepter une qu'il est indispensable » de rectifier, nous convoquons, pour le 10 juin » de la présente année, le Sénat et le Corps » législatif, nous engageant à mettre sous leurs » yeux le travail que nous aurons fait avec une » commission choisie dans le sein de ces deux » corps, et à donner pour base à cette consti-» tution les garanties suivantes :

» Le Gouvernement représentatif sera main-
» tenu tel qu'il existe aujourd'hui, divisé en
» deux corps; savoir :

» Le Sénat et la Chambre composée des dé-
» putés des départemens.

» L'impôt sera librement consenti.

» La liberté publique et individuelle assurée.

» La liberté de la presse respectée, sauf les
» précautions nécessaires à la tranquillité pu-
» blique.

» La liberté des cultes garantie.

» Les propriétés seront inviolables et sacrées;
» la vente des biens nationaux restera irrévo-
» cable.

» Les Ministres responsables, pourront être
» poursuivis par une des Chambres législatives
» et jugés par l'autre.

» Les juges seront inamovibles, et le pouvoir
» judiciaire indépendant.

» La dette publique sera garantie; les pen-
» sions, grades et honneurs militaires seront
» conservés ainsi que l'ancienne et la nouvelle
» noblesse.

» La légion d'honneur dont nous détermine-
» rons la décoration, sera maintenue.

» Tout Français sera admissible aux emplois
civils et militaires.

» Enfin, nul individu ne pourra être inquiété
» pour ses opinions et ses votes. »

Immédiatement après l'arrivée du Roi à Saint-Ouen, le Sénat, les Maréchaux et les députations du Corps législatif et des différens Corps de l'Etat, furent admis à lui présenter leurs hommages. Le prince de Bénévent, organe du Sénat, appela l'attention du Monarque dans un discours ferme et respectueux, sur le besoin qu'avait la France d'une constitution sage et libérale.

Dans son séjour à Saint-Ouen, le Roi fut gardé par la garde parisienne, conjointement avec des détachemens tirés de l'ancienne garde et des différens corps de la grande armée que commandait le duc de Reggio.

Entrée du Roi à Paris.

Le 4 mai au matin, ces détachemens se formèrent sur la route de Saint-Denis, où les uns restèrent en bataille sur le passage du Roi; les autres prirent place dans le cortége, dont firent également partie des détachemens des gardes parisienne et versaillaise.

La garde nationale à cheval se forma vis-à-vis le château de Saint-Ouen. Celle-ci se composait en grande partie de gentilshommes accourus des départemens et de ceux de la capitale, qui, n'ayant pu obtenir des grades, ne voulurent pas servir dans la garde à pied. Formée par règlement du 16 avril, elle avait été de suite admise à faire dans les appartemens le service de gardes du corps; mais la garde à pied avait réclamé et obtenu de suite le même honneur.

Le départ du Roi de Saint-Ouen fut annoncé par des salves d'une nombreuse artillerie et par le son bruyant de toutes les cloches de la capitale. Son cortége, qui se développait depuis la barrière de Saint-Denis jusqu'à la métropole, et de ce point jusqu'au château des Tuileries, mêlait quelque chose de triomphal au caractère de la cérémonie : en effet, les troupes alliées ne parurent nulle part ; la garde nationale bordait seule la haie ; toutes les maisons étaient tapissées, ornées de fleurs, pavoisées de drapeaux à fleurs de lis ; les balcons, les croisées les plus élevées étaient occupés par une population immense. Sur le passage des troupes, les cris de *vive la Garde !* se mêlaient aux cris de *vive le Roi !* et celle-ci y répondait en criant *vive la Garde nationale !* Ces premières émotions préparaient à celle que produisit l'aspect du Roi et de sa famille. Que de souvenirs ! Ils semblaient tous se confondre dans la joie commune. Les cris de *vive le Roi ! vivent les Bourbons!* n'étaient plus comme au premier avril, les cris d'un seul parti proférés sur le passage de Souverains étrangers devant une multitude muette d'étonnement : c'était le cri du peuple sur le passage du Roi, au milieu de baïonnettes toutes nationales, et qui rappelaient des services rendus à la Patrie.

Dès le lendemain de son arrivée, le Roi signa une ordonnance portant défense d'obtempérer aux réquisitions faites par les commandans ou intendans des Puissances alliées, postérieurement à la notification de la convention du 23 avril. Cet acte honorait également le Monarque qui exerçait la puissance royale devant les vainqueurs, et les Souverains qui par leur adhésion, se montraient fidèles observateurs du traité.

L'arrivée du Roi, l'armistice et le besoin de quelques délassemens après une campagne aussi pénible, attiraient journellement à Paris un grand nombre d'officiers de l'armée française. Quelques-uns s'offensèrent de l'air de triomphe qu'ils crurent apercevoir dans les yeux de plusieurs officiers étrangers, ce qui devint au Palais-Royal et en d'autres lieux publics, le sujet de querelles, apaisées bientôt par l'intervention de la garde nationale. Des rixes plus sérieuses par le nombre et la violence des combattans, s'élevèrent dans les guinguettes des boulevards extérieurs entre des soldats français et les Autrichiens, qui s'obstinaient à conserver à leur coiffure les rameaux verts que les soldats des autres nations avaient quittés. Après avoir déployé la force pour séparer les antagonistes, un ordre du jour du 19 mai, affiché dans tout Paris, employa la raison pour prévenir ces rixes dangereuses par leurs conséquences. Une déclaration du commandant autrichien annonça formellement que ces rameaux n'étaient, suivant un au-

Rixes entre les soldats français et autrichiens.

cien usage, que la représentation du plumet vert de l'Autriche. L'ordre du jour ajoutait : « Il ne peut entrer dans la pensée des sous-offi- » ciers et soldats autrichiens de méconnaître la » valeur française, dont ils ont été témoins sur » un si grand nombre de champs de bataille. Les » fautes qui ont ouvert la France aux Alliés, » sont étrangères à l'armée française; les Puis- » sances même le reconnaissent : l'armistice est » signé; la paix va l'être. Il n'y a plus en pré- » sence que des braves faits pour s'estimer, et » dont le devoir est d'attendre avec calme cette » paix si nécessaire à l'Europe. »

En effet, à peine Louis XVIII eut-il pris les rênes du Gouvernement, que les négociations pour la paix se poursuivirent avec chaleur. Placé dans une position toute particulière vis-à-vis des Souverains auxquels il paraissait redevable de la couronne; privé d'ailleurs, par la convention du 23 avril, des compensations qu'il eût pu apporter dans la balance politique, on sent qu'il ne lui restait qu'à sanctionner dans le traité définitif le principe tacitement consacré par elle, et qu'il n'existait plus de moyens d'invoquer ceux qui avaient fait triompher les armes des Alliés. La paix fut telle qu'ils la dictèrent, et toute l'habileté de l'homme d'État qui, dans sa carrière politique, avait signé des traités si glorieux pour la France, et venait de diriger et conduire si heureusement à sa fin la révolution de Paris, échoua contre les argumens plus spécieux que solides de leurs ministres.

Avant de rédiger ce traité définitif sur les points duquel on était probablement d'accord, il fut conclu le 28 mai une convention réglementaire de la marche et des subsistances des troupes alliées, du service des hôpitaux, du transport des prisonniers. La France racheta par l'article 9 de cette convention, 25 millions de francs, ce que les Alliés avaient capturé et tenaient encore dans les magasins français, tels que sels, tabacs, effets militaires et autres. *Convention réglementaire du 28 mai.*

Enfin le 30 mai, un traité de paix en trente-trois articles communs aux quatre parties contractantes, et de quelques autres secrets pour chacune d'elles, fut signé par le prince de Bénévent d'une part, et les plénipotentiaires de la Russie, de l'Autriche, de l'Angleterre et de la Prusse, de l'autre. *Traité de paix du 30 mai.*

Après le préambule remarquable par l'énonciation de principes dont le traité s'écarte en plus d'un point, le premier article, relatif au rétablissement de la paix, contient en outre la promesse de maintenir la bonne harmonie, non-seulement entre les Puissances contractantes, mais encore entre tous les autres Etats de l'Europe.

Le 2e restreint la France dans les limites de

1792, sauf les légères rectifications de démarcations à son avantage, déterminées ainsi qu'il suit par l'art. 3 :

1. Dans le département de Jemmapes, la cession à la France des cantons de Dour, Merbes-le-Château, Beaumont et Chimay, qui formaient un rentrant entre les départemens du Nord et Sambre-et-Meuse.

2. Dans le département de Sambre-et-Meuse, la cession des cantons de Valcourt, Florennes, Beauraing et Gedinnes.

3. Dans celui de la Moselle, le canton de Tholey, au midi d'une ligne à tirer de Perle à Fromerdorf.

4. Dans le département de la Sarre, ceux de Sarrebruck et d'Arneval, avec une partie de celui de Lehbach, pour former de cette rivière la limite de la France.

5. Dans celui du Mont-Tonnerre, les cessions nécessaires pour rattacher Landaw à la France, sous condition toutefois que le Thalweg du Rhin formera désormais la limite du royaume, quelles que puissent être dorénavant les dérivations du fleuve.

6. Dans le département du Doubs, une légère rectification entre la principauté de Neuchâtel.

7. Dans le département du Léman, la cession à la France du canton de Frangy, de partie de ceux de Saint-Julien, de Regnier et de Laroche,

et l'abandon par elle, de la vallée de Dappes.

8. Dans le département du Mont-Blanc, l'acquisition des sous-préfectures de Chambéry et d'Annecy.

9. La possession d'Avignon, du comtat Venaissin, de Montbelliard et des autres enclaves appartenant autrefois à l'Allemagne.

Par l'article 3, la France renonce à tous droits de souveraineté et de possession des pays situés au-delà de ses limites, et les Puissances voisines peuvent fortifier tel point de leurs Etats qu'elles jugeront convenable. Toutefois la principauté de Monaco reste sous la protection de la France.

La France consent par l'article 4 à ce que la république de Genève fasse usage de la route de Versoy.

Les Puissances contractantes consacrent par l'article 5, la liberté de la navigation du Rhin et d'autres fleuves, en renvoyant à un congrès pour l'application du principe.

Dans l'article 6, on détermine la reconstitution future de l'Europe, savoir : la Hollande sous la souveraineté d'un prince de la maison d'Orange, avec un accroissement de territoire; l'Allemagne indépendante, mais réunie par un lien fédératif; la Suisse indépendante, mais gouvernée par elle-même; l'Italie divisée en Etats souverains.

L'article 7 accorde en toute propriété l'île de Malte à la Grande-Bretagne.

D'après les articles 8, 9 et 10, l'on restitue ou l'on promet de faire rendre à la France, toutes les colonies ou établissemens qu'elle possédait au 1er janvier, à l'exception de *Tabago, Sainte-Lucie, l'Ile-de-France*, et de la partie de Saint-Domingue appartenant autrefois à l'Espagne, et qu'elle rétrocède à cette dernière. L'article 14 détermine l'époque de ces diverses remises.

L'Angleterre *permet*, par l'article 12, à la France de former des établissemens commerciaux aux Indes, sous condition de *n'y envoyer que les troupes nécessaires pour y maintenir la police ;* et par l'article 13, elle lui *rend* le droit de pêche sur le banc de Terre-Neuve et dans le golfe de Saint-Laurent.

On règle dans l'article 15 le partage des vaisseaux et du mobilier maritime d'Anvers. Les deux tiers seront rendus à la France; l'autre tiers, ainsi que la flotte du Texel en entier, seront remis au prince d'Orange; et l'on stipule que le port d'Anvers ne sera plus qu'un port de commerce.

Par l'article 16, on proclame l'oubli du passé, et par le 17, les habitans des pays cédés ont six ans pour vendre leurs propriétés.

L'article 18 exprime la renonciation des Alliés à toute créance provenant de fournitures, de contributions depuis 1792 ; mais par l'article 19, la France s'engage à liquider et payer les sommes dues aux individus ou aux gouvernemens, en vertu de contracts et d'obligations légales passés devant les autorités compétentes; et l'article 20 porte que les titres des réclamans seront examinés par des commissaires qui en constateront la validité, et tiendront la main à l'exécution des deux articles précédens.

Les articles 21, 22, 23, 24, 25, 27 et 30 règlent les intérêts généraux et particuliers des pays cédés par la France; et le 26 la décharge du paiement de toute pension civile, militaire et ecclésiastique aux individus qui ne se trouvent plus être Français

L'article 28 maintient l'abolition des droits d'aubaine et de détraction dans les pays qui l'avaient réciproquement stipulé avec la France ou qui viennent d'en être détachés.

Les articles 29 et 31 sont relatifs à la restitution et à la remise des titres, archives, plans, cartes et documens des pays cédés.

Le 32e annonce l'ouverture au mois d'août d'un congrès à Vienne, où toutes les puissances qui ont pris part à la guerre de la Restauration enverront des plénipotentiaires pour régler les arrangemens qui doivent compléter les dispositions du traité.

Enfin, le 33e et dernier article porte que les ratifications du traité seront échangées dans 15 jours.

Observations.   Ce traité de paix, si avantageux aux Alliés, devint pourtant le motif d'aigres censures de la part des publicistes de l'école du baron de Stein. Aveuglés par la passion et dans l'ivresse de la victoire, ils prétendirent que l'Europe n'aurait dû poser les armes qu'après avoir arraché à la France l'Alsace, la Lorraine et la Flandre, afin de lui enlever pour long-temps la prépondérance qu'elle tient dans le système politique par la centralité de sa position, sa population, son commerce et son industrie. De leur côté, les Français, qui avaient eu une entière confiance dans les déclarations des Souverains alliés, du 21 décembre 1813, du 20 et du 31 mars 1814, s'étaient flattés d'obtenir de leur justice et de leur générosité des conditions moins rigoureuses. L'homme dont ils redoutaient l'ambition se trouvant écarté, et la France désormais gouvernée par un Prince pacifique, ils ne croyaient pas qu'ils exigeraient les mêmes garanties, et ils regrettèrent que dans des transactions passées en vue de rétablir un juste équilibre en Europe, on eût commencé par affaiblir la puissance qui pour le bien de toutes *ne devait pas cesser d'être grande et forte.*

La paix fut proclamée le 1er juin, et les Souverains alliés quittèrent le lendemain la Capitale. Leurs troupes les suivirent, après avoir remis à la Garde nationale tous les postes qu'elles y

CHAPITRE XXXII. 687

avaient conservés jusqu'alors, et le baron Sacken cessa ses fonctions. Le don d'une épée et une espèce de fête militaire lui exprimèrent l'estime qu'inspirait sa conduite à la Garde parisienne, et la reconnaissance de la ville de Paris.

Dès le 6 mai, une ordonnance du Roi convoqua le Sénat et le Corps législatif pour le 30. Son ordonnance de ce jour ajourna cette convocation au 4 juin, afin sans doute que dans cet acte libre et solennel, le Roi ne fût entouré que de la Garde nationale.

Cette ordonnance ne faisait pas mention du Sénat, parce qu'il était remplacé par la Chambre des Pairs dans la Charte qui se préparait, et que les deux Chambres et le Roi furent enveloppés dans les mots de *Corps législatif,* qui exprime en effet l'ensemble des pouvoirs qui concourent à la législation.

Cette Charte était rédigée dans un comité composé de Sénateurs et de Députés choisis par le Roi. Le public attendait avec inquiétude le résultat de leur travail, bien que la proclamation de Saint-Ouen rassurât sur les bases, la forme devenait surtout l'objet de vives discussions. Le nouvel acte constitutionnel serait-il soumis comme un pacte social à la discussion du Corps législatif, ou à l'acceptation du peuple, comme les Constitutions de la République et de l'Empire?

Serait-il donné comme les anciennes chartes que les Rois octroyaient aux communes?

Les uns soutenaient qu'une Constitution acceptée réciproquement par le Roi et par le Corps législatif ou par les assemblées primaires, donnerait plus de force, non-seulement aux garanties du peuple, mais encore à l'autorité royale. Les autres trouvaient dans la dernière forme le grand avantage de mettre hors de discussion, et de rendre à l'instant même exécutoire cette loi fondamentale qui, donnée par le Roi et jurée par lui et ses successeurs comme par le Corps législatif au nom du peuple, n'en deviendrait pas moins, entre la nation et la famille régnante, un pacte synallagmatique.

Ce fut cet avis qui prévalut. Le Roi se rendit le 4 juin au palais du Corps législatif, escorté par la Garde nationale qui gardait la salle des séances. La Charte fut promulguée, la Chambre des Pairs constituée, la Chambre des Députés maintenue; le Gouvernement commença; la Monarchie constitutionnelle fut en un même instant fondée, organisée, mise en action.

La Charte parut aux amis d'une sage liberté renfermer de suffisantes garanties pour les libertés publiques et contre les réactions. Quelques expressions du préambule inquiétèrent les amis sincères mais ombrageux de la monarchie constitutionnelle. Ils craignaient qu'en rappelant des temps où l'autorité résidait entièrement dans la personne du Roi, les rédacteurs de la Charte n'eussent eu la pensée de ménager à ses successeurs le droit de la révoquer; mais il suffit pour les rassurer de leur faire remarquer que le préambule rappelait aussi les institutions qui dans les temps antérieurs ou postérieurs, modéraient dans l'intérêt du trône et des peuples l'autorité des Rois.

Enfin, le 16 juin, les troupes de ligne firent leur entrée à Paris et relevèrent tous les postes de la Garde parisienne, qui les reçut avec enthousiasme. Une députation leur exprima la joie et les sentimens qu'inspirait leur présence à tous les bons Français, « dans ces mêmes » murs qu'ils ont eu la douleur de voir quel- » que temps au pouvoir de l'étranger. » Plusieurs jours se passèrent en fêtes et en banquets, et un ordre du jour peignit ainsi l'union de la Garde nationale et des troupes : « Ce sont égale- » ment des Français sous les armes ; il n'est point » de garde national qui n'ait servi lui-même ou » qui ne compte dans l'armée un fils, un frère, » un parent, un ami; il n'est pas d'officier ni de » soldat qui ne trouve dans la Garde nationale sa » famille. »

Ainsi finit la campagne de 1814, aussi mémorable par le nombre et la variété des événemens militaires que par le dénouement de la révolution politique qui les suivit. Elle offre dans son ensemble un exemple de l'effet et de la juste punition du despotisme, et jamais cependant Napoléon ne développa plus d'art dans l'emploi des moyens qu'il avait sous la main; mais que pouvaient les ressources stratégiques contre la volonté de la France, la force même des choses, le concours de toutes les Puissances ? Sans doute, il en eût été bien autrement de cette invasion formidable s'il avait trouvé de l'appui dans la Nation, et si sa tyrannie en lui aliénant tous les cœurs, n'eût étouffé le patriotisme. En effet, ce n'est que chez les peuples libres qu'il enfante des prodiges et sauve l'Etat des grands périls. Ainsi les armées innombrables de Xerxès furent vaincues et dissipées par une poignée de Grecs; ainsi la Ligue helvétique confondit tous les efforts de l'Autriche, et la Hollande secoua le joug des Espagnols; ainsi les Français armés pour leur indépendance, repoussèrent en 1794 les armées coalisées qui avaient déjà entamé leur territoire, et allèrent planter leurs enseignes victorieuses sur les bords du Rhin.

F I N.

TABLE DES MATIÈRES.

Chapitre XVI. La Grande Armée austro-russe reprend l'offensive. — Combat de Bar et de La Ferté. — Evacuation de Troyes par l'armée du maréchal duc de Tarente, pag. 1

Chap. XVII. Défensive du duc de Tarente sur la Seine, à Nogent et Bray. — Retraite sur Provins. — Il se prépare à recevoir bataille en arrière de cette ville, mais la grande armée alliée se retire sur Arcis, 34

Chap. XVIII. Marche de l'Empereur sur l'Aube. — Combats de Fère-Champenoise, de Plancy et de Méry. — Jonction de l'armée du duc de Tarente. — Journées d'Arcis, 55

Chap. XIX. Les Alliés prennent la résolution de marcher sur Paris. — Les maréchaux de Trévise et de Raguse laissés sur l'Aisne, sont rappelés par Napoléon, et cherchent à le rejoindre sur la Marne moyenne. — Jonction de la grande armée et de celle de Silésie sous Vitry. — Position des Français au 24 mars, 91

Chap. XX. Opérations dans les Pays-Bas. — Combat de Merxhem. — Bombardement d'Anvers. — Evacuation de Bruxelles. — Combat de Courtray. — Bombardement de Maubeuge, 115

Chap. XXI. Position des armées française et autrichienne sur l'Adige. — Défection du roi de Naples, et jonction de son armée au corps autrichien de Nugent. — Retraite des Français sur le Mincio. — Bataille du Mincio. — Affaires de Borghetto, Gardone et Salo. — Mouvement des Austro-Napolitains sur la Nura. — Le Vice-roi détache le général Grenier sur le Pô. — Combats de Sacca et de Guastalla. — Retraite de Joachim sur la Secchia. — Débarquement du corps anglo-sicilien à Livourne, et ses premières opérations, pag. 163

Chap. XXII. La division légère du comte de Bubna se porte de Genève sur Lyon. — Situation politique de cette ville. — Le duc de Castiglione y arrive, et l'ennemi se retire. — Combat de Rumilly. — Prise de Chambéry par l'ennemi. — Arrivée des troupes de Catalogne et organisation du corps du Rhône. — Le duc de Castiglione prend l'offensive et repousse le comte de Bubna au-delà de Lons-le-Saulnier. — Le général Marchand arrive sous Genève. — Formation et marche de l'armée alliée du Midi. — Le duc de Castiglione se replie sur Lyon, et se porte par la rive droite de la Saône au-devant d'elle. — Combats de Mâcon et de St.-Georges. — Bataille de Limonest. — Evacuation de Lyon. — L'armée française se retire sur l'Isère, 211

Chap. XXIII. Opérations militaires sur la ligne des Pyrénées. — Bataille d'Orthez. — Occupation de Bordeaux par les Anglais. — Combats d'Aire, de Vic-Bigorre et de Tarbes. — Retraite du duc de Dalmatie sur Toulouse. — Prise des garnisons de Lérida, Mequinenza et Monzon. — Concentration de l'armée d'Aragon sous Figuères. — Ferdinand VII est rendu aux Espagnols. 268

Chap. XXIV. Congrès de Châtillon. — Traité de la quadruple alliance. — Rupture du Congrès. — Traité simulé avec le Pape. — Situation intérieure de l'Empire. 320

Chap. XXV. Marche des Alliés sur Paris. — Double combat de Fère-Champenoise. — Combats de Sézanne, de Chailly, de La Ferté-Gaucher et de Moutis, de Trilport et de Meaux, de Ville-Parisis. — Les Alliés arrivent devant Paris. 381

Chap. XXVI. Topographie du champ de bataille. — Situation politique et militaire de la Capitale. — Dispositions de défense. — Plan d'attaque des Alliés. 414

DES MATIÈRES. 693

Chap. XXVII. Bataille de Paris. pag. 449

Chap. XXVIII. Les Préfets de la Seine et de police se rendent avec une députation du corps municipal au quartier-général des Alliés, pour réclamer la conservation de la Garde parisienne. — Entrée des Souverains à Paris. — Révolution du 31 mars. — Déclaration de l'Empereur Alexandre. — Mesures prises pour le service intérieur de Paris. — Déclaration du Conseil municipal. — Acte de déchéance de l'Empereur Napoléon, prononcé par le Sénat. — Gouvernement provisoire. — Adhésion du Corps législatif à l'acte de déchéance. — Mesures régulatrices de la résolution prise par le Gouvernement provisoire. 509

Chap. XXIX. Dernières opérations de la grande armée française. — Combat de Saint-Dizier. — Marche sur Fontainebleau. — L'Empereur quitte son armée, et se rend en poste à Paris. — Il rencontre à la Cour-de-France la tête de colonne des ducs de Trévise et de Raguse, et se décide à retourner à Fontainebleau. — L'armée prend position sur l'Essonne. — Communication du Généralissime au duc de Raguse. — Abdication conditionnelle de Napoléon. — Départ des Maréchaux chargés de la porter à Paris aux Souverains alliés. 547

Chap. XXX. Défection du comte Souham avec les troupes du duc de Raguse. — Négociations des Maréchaux avec les Souverains, relativement à l'abdication conditionnelle de Napoléon. — Refus de cette abdication. — Constitution du Sénat. — Négociations entamées par les Maréchaux sur la base de l'abdication absolue. — Insurrection des troupes du duc de Raguse. — La Garde parisienne prend la cocarde blanche. — Abdication absolue de Napoléon. — Adhésion de la grande armée. — Arrivée de Monsieur à Paris. — Le Sénat lui confère le titre de Lieutenant-Général du Royaume. 580

Chap. XXXI. Dernières Opérations militaires en Belgique. — Combat de Courtray. — Armistice. — Opérations dans la rivière de Gênes. — Evacuation de cette ville. — Opérations sur le Taro. — Armistice. — L'armée d'Italie rentre en France. — Opérations du corps du Rhône. — Armistice. — Opérations des armées du Midi. — Bataille de Toulouse. — Rentrée en France de l'armée d'Aragon. — Armistice. — Marche du général Decaen sur Libourne. *pag.* 616

Chap. XXXII. Convention du 23 avril. — Evacuation du territoire français. — Débarquement de Louis XVIII à Calais. — Agitation des partis. — Déclaration du 2 mai. — Entrée du Roi à Paris. — Paix du 28 mai. — Charte constitutionnelle. — Conclusion. 666

FIN DE LA TABLE DES MATIÈRES.

ERRATA
DU TOME SECOND.

Pages. Lignes.

7	27	l'ordre définitif de l'attaque; *lisez*, l'ordre précis de l'attaque.
29	8	n° XIV; *lisez*, n° XIII.
45	20	Mériot-au-Port; *lisez*, Mériot, au Port.
81	5	ayant des avant-postes; *lisez*, et mit ses avant-postes.
96	22	le 18, l'armée de Silésie; *lisez*, le 18, le feld-maréchal Blucher.
107	15	4,000 hommes; *lisez*, 3,000 hommes.
171	10	forte de 84 bataillons et 62 escadrons, formant environ 70 mille hommes; *lisez*, forte de 78 bataillons et 64 escadrons, formant environ 55 mille hommes.
174	11	les îles du golfe; *lisez*, les îles du golfe de Naples.
175	14	s'étant mis en contact; *lisez*, s'étant mises en contact.
185	4	Remilli; *lisez*, Remelli.
206	19	Bozzolo; *lisez*, Pozzolo.
218	23	qui passe à Bourg; *lisez*, cette dernière passe à Bourg.
232	12	le trait trop connu; *lisez*, le trait trop peu connu.
234	22	et que la prudence conseillait d'aller; *lisez*, et conseillèrent d'aller.
240	24	quelques historiens allemands; *lisez*, quelques chroniques allemandes.
250	10	derrière lequel; *lisez*, derrière celui-ci.
280	22	sur la rive; *lisez*, sur sa rive.
294	2	il ne les eût mis; *lisez*, il les eût mis.
317	2	de ses dernières; *lisez*, de ces dernières.
348	8	de notre marche; *lisez*, de cette marche.
451	15	qui leur; *lisez*, qui lui.
452	8	à l'extrême droite; *lisez*, à l'extrême gauche.
452	18	s'étendait; *lisez*, s'étendant.

ERRATA.

Pages.	Lignes.		
452	19	et Pantin; le 6ᵉ corps; *lisez*, et Pantin, et le 6ᵉ corps.
459	19	Schakowskoi; *lisez*, Schaschafskoi.
465	25	arriver avant lui; *lisez*, le prévenir.
466	24	le reste des troupes; *lisez*, le reste de ses troupes.
553	6	d'y fusiller; *lisez*, de fusiller.
565	27	et Napoléon; *lisez*, mais Napoléon.
571	12	d'Erolle; *lisez*, d'Ecolle.
626	16	par un malheur trop ordinaire dans les révolutions, le Gouvernement; *lisez*, par suite des mesures prises pour ôter à Napoléon le moyen de continuer la guerre, le Gouvernement.
688	18	qui gardait la salle; *lisez*, qui gardait aussi la salle.

Plusieurs renseignemens nous sont parvenus trop tard pour en faire usage, comme nous l'aurions désiré; mais nous croyons devoir dès ce moment en prévenir nos lecteurs, afin qu'ils n'imputent ni à ignorance, ni à mauvaise volonté, les erreurs qui subsistent dans ces Mémoires.

CHAPITRE Iᵉʳ. L'organisation de la cavalerie française fut déterminée le 12 décembre 1813, par un décret impérial. Les régimens de cuirassiers et de dragons devaient être portés au complet de 550 hommes; ceux de cavalerie légère à 750.

Les 7ᵉ de chevau-légers et 13ᵉ de hussards furent supprimés, et réunis aux 8ᵉ et 14ᵉ.

L'intention de l'Empereur était que les 1ᵉʳ et 14ᵉ de hussards, les 4ᵉ, 19ᵉ et 31ᵉ de chasseurs, eussent chacun 6 escadrons, dont 2 d'éclaireurs. Les 40 autres régimens de cavalerie légère devaient avoir seulement un escadron de 250 hommes, montés sur des chevaux de la plus petite taille.

CHAP. XV. Parmi les généraux français mis hors de combat à la bataille de Craone, nous n'avons pas fait mention du général de division Boyer (Pierre), qui eut la cuisse cassée; et cette erreur

ERRATA.

nous a induit à plusieurs autres. Nous avons cru qu'il faisait partie de l'expédition de Châlons, et qu'il était à la bataille d'Arcis. Le fait est que sa brigade, renforcée du régiment de la Vistule, forma la 1re de la division dont le général Janssens prit le commandement, et que cette division ne consistait qu'en deux petites brigades, au lieu de trois, ainsi qu'il est dit au chapitre XVIII.

Chap. XXXI. Lorsque le duc de Dalmatie donna l'ordre au général Taupin de marcher contre les colonnes du maréchal Béresford, ce général dont plus de moitié des troupes se trouvait détachée avec toute son artillerie, au soutien de la division Harispe, vers le Calvinet, représenta qu'il ne lui restait pas 2,500 hommes, et que cela ne lui paraissait pas suffisant pour culbuter les 6,000 Anglais qui gravissaient la croupe de la colline; mais le Maréchal lui ayant assuré qu'il serait soutenu, il se mit en marche en colonne serrée par pelotons, au pas accéléré, sur la route de Caraman, qui est encaissée. Il n'était plus qu'à cent pas des Anglais, quand un officier d'état-major lui transmit l'ordre de se jeter à gauche de la chaussée, afin de donner passage au 13e régiment de chasseurs, qui devait charger l'ennemi. Cette manœuvre exécutée en face et si près de l'ennemi, causa un instant de flottement, dont le général Cole profita pour prévenir le choc et prendre lui-même l'initiative. Le 12e léger fut enfoncé, et entraîna dans sa déroute les régimens qui le suivaient; la cavalerie ne put charger, et se retira. Dans ce moment, le général Taupin cherche à rallier les fuyards autour de la redoute; mais frappé mortellement, sa chute déconcerta le général Danture, qui n'ayant lui-même qu'une poignée d'hommes pour repousser l'escalade dont il était menacé, abandonna son poste, poursuivi par les Anglais.

FIN DE L'ERRATA DU TOME SECOND.

www.ingramcontent.com/pod-product-compliance
Lightning Source LLC
Chambersburg PA
CBHW070621160426
43194CB00009B/1339